BENEDETTO XVI

La Gioia della Fede

a cura di Giuliano Vigini

SAN PAOLO

Editing: Giuseppe Occhipinti

Distribuzione: Diffusione San Paolo s.r.l.
Corso Regina Margherita, 2 - 10153 Torino

Progetto grafico: Ink Graphics Communication, Milano

Supplemento a Famiglia Cristiana di questa settimana
Direttore responsabile: Antonio Sciortino
Settimanale registrato presso il Tribunale di Alba il 7/9/1949 n. 5
P.I. SPA - S.A.P. - D.L. 353/2003 L. 27/02/04 N. 46 - a.1 c.1 DCB/CN

ISBN 978 88 215 7476 4

PREFAZIONE

Nell'Anno della fede indetto da Benedetto XVI un impegno particolare di tutta la Chiesa sarà certamente dedicato a ravvivare e ad approfondire la conoscenza della dottrina cattolica: a cominciare dalla riproposta di lettura di due fondamentali testi di riferimento come il *Catechismo* (1992) e il *Compendio* (2005). Spesso, infatti, una fede spenta o assopita – come quella che sembra caratterizzare tanta parte della società occidentale – ha finito anche col rimuovere, appannare o deformare la conoscenza autentica dei contenuti della fede e dei valori irrinunciabili che la ispirano. Fra gli obiettivi che il Papa intende perseguire invitando a varcare «la porta della fede» c'è, appunto, anche questo sforzo di aiutare tutti a imparare o a re-imparare la fede, per viverla con maggiore consapevolezza e maturità nella quotidianità della vita.

Nella *Nota* pastorale della Congregazione per la Dottrina della Fede sono già state chiaramente indicate, ai vari livelli, le iniziative più idonee a celebrare con frutto l'Anno della fede: un tempo di grazia in cui è necessario prima di tutto rievangelizzare se stessi per esser poi nelle condizioni di evangelizzare gli altri; in cui la fede professata ritrovi il suo inscindibile legame con la fede vissuta, nell'incontro, nella testimonianza e nell'annuncio di Cristo al mondo.

Fra i numerosi suggerimenti operativi che la *Nota* fornisce c'è espressamente anche quello di dedicare «un'accoglienza più attenta» alla predicazione, alla catechesi e agli scritti di Benedetto XVI che, in questi pur brevi anni di pontificato, già ci ha lasciato insegnamenti preziosi per l'intelligenza e la vita di fede. La presente raccolta antologica vuole appunto inserirsi in questo percorso di avvicinamento al pensiero e alla spiritualità del Papa, cercando in questa circostanza di rivivere con lui, guidati dalla sua parola, i fondamenti del *Credo*.

Il punto di partenza – come centro di verità e amore, comunione e unità – è la fede in Dio. Uno dei drammi della società odierna – su cui Benedetto XVI pone insistentemente l'accento – è proprio il non-riconoscimento, la perdita o l'emarginazione del primato di Dio. Il primo articolo del *Credo* ce lo pone invece come l'inizio di tutto, la fonte di tutte le verità sull'uomo, che da Dio riceve un senso e una meta per la propria vita terrena e la grande speranza in quella futura. Tutte le realtà dell'universo hanno origine e si riconducono a lui, il solo vero Dio, che ha creato il cielo e la terra, ne ha fatto la dimora dell'uomo e ha ordinato la sua esistenza secondo il suo provvidenziale disegno. L'uomo non è un prodotto casuale dell'evoluzione, ma il segno vivente della potenza e della maestà di Dio, il frutto libero e razionale del Verbo che «era in principio» e che lo ha chiamato a una missione di sapiente responsabilità verso il creato che gli è stato dato in custodia, per il suo bene e per la sua salvezza. Chi vive senza conoscere e orientarsi a Dio – senza cioè stabilire una relazione d'amore con il Dio che gli è Padre – si stacca dalla sorgente stessa della vita.

Anche se nessuno ha mai visto Dio, egli si è reso visibile e vicino attraverso quell'amore che costituisce la sua stessa essenza, come ricorda Giovanni (1Gv 4,8.16) e come richiama fin dal titolo la prima Enciclica di Benedetto XVI, *Deus caritas est*. In realtà, l'immagine cristiana di Dio e la conseguente immagine dell'uomo non sono un'astrazione teologica o filosofica. Dio ha preso realmente un volto, si è manifestato e ha agito in Gesù Cristo, il Figlio unigenito, il rivelatore e il testimone vivente del suo amore. Egli non è soltanto Colui che è stato mandato a incarnare la verità del Padre; è venuto nel mondo per essere la stella polare del cammino degli uomini e guidarli alla verità di se stessi.

Cercare Dio nel volto umano di Cristo significa dunque mettersi nella prospettiva di questa verità che nasce da un disegno d'amore e che proietta verso una comunità che vive d'amore. Nella teologia sistematica della fede di Benedetto XVI la verità e l'amore sono sempre congiunti, perché l'una si alimenta dell'altro, e insieme vanno a comporre il sigillo della creazione, della storia della salvezza e della missione della Chiesa. Questo è il centro che, anche nel *Credo*, guida in modo circolare la riflessione del Papa, perché – come lui stesso ha avuto modo di sottolineare in più occasioni – i temi «Dio», «Cristo» e «Amore» interagiscono e diventano un tutto armonico, dove una dimensione sussiste nell'altra e si salda con essa. Amore di Dio, amore di Cristo e amore del prossimo sono infatti un unico inscindibile amore, perché chi ama i fratelli offre il segno tangibile della sua appartenenza a Dio e della sua testimonianza a Cristo. Il *Logos* della verità apre e unisce le intelligenze nel *Logos* dell'amore, ed esattamente su questo è fondato il nucleo essenziale della fede cristiana. Più si cresce nella verità di Dio, più si rimane nel suo amore, più si è resi capaci di stare con

Gesù, più si è autentici e generosi con gli altri, in uno spirito di unità, fraternità e servizio.

Il Dio Signore del mondo si fa bambino, entra nella storia degli uomini, condivide in tutto la loro natura, fuorché nel peccato. Vero Dio e vero uomo. Cammina sulle strade di questo mondo per annunciare il Regno di Dio e chiamare tutti al pentimento e alla conversione che l'ingresso in questo Regno comporta. Insegna, guarisce malati, scaccia demoni, compie miracoli, fino al termine della sua missione, quando si compie il disegno salvifico di Dio. Con la passione, la morte e la risurrezione di Gesù si arriva al punto cruciale della meditazione sul *Credo*. La Croce – simbolo di sofferenza e amore, perdono e riconciliazione – diventa il nuovo «arcobaleno di Dio», che congiunge il cielo e la terra, squarcia le tenebre della notte e preannuncia la luce che verrà nel giorno di Pasqua.

Le parole del Simbolo scandiscono con intensità lapidaria questi momenti in cui la parabola terrena di Cristo giunge al culmine («Fu crocifisso per noi sotto Ponzio Pilato, morì e fu sepolto. Il terzo giorno è risuscitato»). L'evento del Cristo morto e risorto – «senza il quale la vita cristiana sarebbe semplicemente assurda», annota il Papa – non è soltanto la verità centrale e decisiva della fede, ma è altresì l'inizio di un tempo nuovo della storia.

La risurrezione, che va al di là della storia, al tempo stesso si situa nella storia e vi lascia la sua impronta unica. Sottratto per sempre al mondo dei morti, Gesù sale al cielo e da lì torna all'incontro con gli uomini come persona vivente. Con la testimonianza degli apostoli e dei primi discepoli si diffonde l'annuncio ai popoli di questo straordinario avvenimento del sepolcro rimasto vuoto e della presenza di Gesù apparso ai suoi. I quali, nel momento in cui egli sale al cielo, non si sentono però soli e abbandonati. Come rileva Benedetto XVI nel secondo volume del *Gesù di Nazaret*, essi sono ormai sicuri che il Risorto – innalzato «alla destra del Padre» – sarà sempre presente in mezzo a loro, in modo nuovo. Il Padre glorifica se stesso nel Figlio che, donandosi, attira tutti a sé e a lui.

Comincia dunque il Regno di Cristo – il Regno universale dell'amore, della giustizia e della pace – e l'esistenza nuova dell'uomo riconciliato, redento e rigenerato in Cristo, sospinto dalla grande speranza suscitata dalla sua morte e risurrezione. Dal mistero pasquale nasce il bisogno, lo slancio, la gioia di testimoniare al mondo la grandezza e la portata di questo evento cosmico. Dalla fede acerba e «troppo umana» dei discepoli durante il ministero di Gesù si passa infatti, dopo la Pasqua, a una fede convinta, matura, coraggiosa che trasforma radicalmente la loro vita, facendola diventare davvero una sequela e un'imitazione di Gesù, nel servizio della fede.

Lo Spirito Santo – terza persona della Trinità, che «procede dal Padre e dal Figlio» e con loro «è adorato e glorificato» – è lo Spirito di Dio che porta nella creazione e nella storia il soffio della vita; che la ordina alla bontà e alla bellezza; che fa da ponte di comunicazione con Dio e con Gesù. Egli «ha parlato per mezzo dei profeti», ispirati da lui nelle profezie che hanno annunciato nell'Antico Testamento e che, nel Nuovo, hanno trovato pieno compimento in Cristo. Il «Vieni, Santo Spirito» con cui la Chiesa invoca il dono dello Spirito non è dunque una formula astratta, bensì una preghiera che professa la fede in una presenza reale, necessaria per confermare e sostenere con forza il nuovo corso dell'opera di Dio iniziato con la risurrezione di Cristo. Lo Spirito Santo è in realtà il cemento dell'unità e della comunione ecclesiale: di ieri, di oggi e di sempre. Gli antichi e nuovi missionari del Vangelo sono infatti fortificati e consolati nel loro ministero proprio dalla realtà permanente dello Spirito, che li accompagna e li guida alla Verità tutta intera, dando loro il coraggio di annunciarla senza paura fino agli estremi confini della terra.

«Sigillo dell'amore del Padre in Gesù Cristo», lo Spirito Santo agisce in ogni cristiano per «suscitare nel mondo il vento e il soffio di una nuova Pentecoste». Nella Chiesa questa nuova Pentecoste si fa realtà di comunione con il Dio trinitario e comunione dei credenti tra loro. L'Ultima Cena, con i Dodici riuniti, costituisce in un certo senso l'atto di fondazione della Chiesa, il segno della volontà di Gesù di costituire la nuova famiglia di Dio che, istruita e santificata da lui, prolungasse la sua missione nel tempo e in ogni angolo della terra, guidata e sostenuta dall'azione dello Spirito Santo. Così, nell'unità della fede trasmessa dagli apostoli e nell'unità della sua missione (annunciare il Vangelo di Gesù Cristo e celebrare il suo mistero di salvezza), la Chiesa fa risuonare il messaggio del Dio-Amore che si è fatto uno di noi ed è rimasto con noi. Nell'Eucaristia questa presenza si fa visibile e coinvolgente; Cristo dona se stesso, e questo dono, costitutivo dell'essere e dell'agire della Chiesa come «corpo di Cristo», è la sua realtà di unità e comunione capace di darle la gioia dell'incontro con lui e lo slancio della testimonianza a lui, nell'esercizio della «carità nella verità».

Su questa Chiesa veglia la Vergine Maria, prescelta per essere il grembo del Redentore e, in quanto tale, madre della Chiesa, come solennemente ebbe a proclamarla (1964) Paolo VI. In questa duplice, esemplare veste di vergine e madre c'è la concreta personificazione dell'essenza teologale della Chiesa, nella connaturalità del vincolo nuziale che la unisce a Cristo e alla comunità dei fedeli. Il Concilio Vaticano II e i successivi insegnamenti di Paolo VI e ancor più di Giovanni Paolo II – che della teologia e della pratica mariana ha fatto uno dei tratti distintivi della sua spiritualità e del suo magistero – hanno illuminato il ruolo di Maria come figura-modello per imparare ad accogliere la volontà di Dio e, imitando la sua fede semplice, umile e coraggiosa, a diventare «abitabili per Dio». «Tutto nella Chiesa – rileva Benedetto XVI –, ogni istituzione e ministero, anche quello di Pietro e dei suoi successori, è "compreso" sotto il manto della Vergine», e tutte e due le dimensioni – mariana e petrina – si incontrano in quella che è il compimento di entrambe: ossia la carità, che le unisce nel servizio come in un vincolo sponsale. Nel suo «sì» incondizionato a Dio si manifesta l'obbedienza e il coraggio a cui è chiamato ogni cristiano. Questa è la luce che diffonde Maria, stella della speranza.

I sacramenti sono la porta d'accesso alla fede e alla vita della Chiesa. Al centro – come s'è detto – c'è l'Eucaristia, il «sacramento della carità», perché la fede della Chiesa è essenzialmente fede eucaristica e si alimenta in modo particolare alla mensa dell'Eucaristia. Lì, infatti, si rivela, attua e rinnova in ogni celebrazione liturgica il disegno d'amore e salvezza di Dio per l'uomo, nella pasqua della nuova ed eterna alleanza. Orientati all'Eucaristia «come al loro specifico fine», secondo la definizione di Tommaso d'Aquino, ci sono tutti gli altri sacramenti, che insieme rappresentano il cuore pulsante della Chiesa. Di ciascuno di essi Benedetto XVI illustra il significato e le peculiarità, la valenza simbolica, il posto che occupano nei vari momenti della vita cristiana: il battesimo, la confermazione, l'Eucaristia come sacramenti dell'iniziazione; la riconciliazione e l'unzione degli infermi come sacramenti della guarigione; l'Ordine e il matrimonio come sacramenti della comunione e della missione.

Tutto questo compone il quadro della fede e della speranza cristiana, proiettate verso la vita eterna: la vita vera e senza fine, nella quale il tempo non esiste più, «in cui la totalità ci abbraccia e noi abbracciamo la totalità». Questa è anche la tensione della fede che, «evangelizzando la morte», va oltre i dubbi, le paure, le superstizioni legate all'attaccamento del «qui e ora» della terra, per spalancare l'orizzonte infinito della vita eterna in Cristo, alla destra del Padre. La meta che dà senso a tutto il cammino è appunto questa attesa della vita eterna, promessa a chi crede nel Figlio di Dio (Gv 3,36). La vita eterna dà un significato pieno alla morte e perciò stesso illumina anche il passaggio dell'uomo in questo mondo.

Dalla catechesi di Benedetto XVI ricostruita in queste pagine sul filo del *Credo* e delineata per scorci essenziali, si può cogliere tutta la pregnanza teologica e l'afflato spirituale con cui il pastore alla guida della Chiesa si sta direttamente impegnando nel trasmettere, a credenti e non, il deposito autentico della fede, mettendosi lui stesso nella prospettiva della «nuova evangelizzazione» di una società in cui l'eclissi del senso di Dio, la secolarizzazione e il relativismo, la frattura tra Vangelo e cultura, la chiusura della scienza e della mentalità moderna alla razionalità della fede – temi su cui si è spesso concentrata la preoccupata riflessione del Papa – hanno messo in scacco la conoscenza e la pratica della dottrina cristiana. L'Anno della fede nasce per riavviare un lavoro di formazione e rieducazione al vivere cristiano, di modo che Cristo e il suo Vangelo tornino ad essere un'unità spontanea e visibile nella vita dei singoli e della società. Questo è il cammino che Benedetto XVI vuol additare alla Chiesa e al mondo.

Giuliano Vigini

I

DIO PADRE

La fonte di tutte le verità sull'uomo

«Non prego solo per questi, ma anche per quelli che crederanno in me mediante la loro parola» (Gv 17,20): così ha detto Gesù nel Cenacolo, al Padre. Egli intercede per le generazioni future di credenti. Guarda al di là del Cenacolo verso il futuro. Ha pregato anche per noi. E prega per la nostra unità. Questa preghiera di Gesù non è semplicemente una cosa del passato. Sempre Egli sta davanti al Padre intercedendo per noi, e così in quest'ora sta in mezzo a noi e vuole attrarci nella sua preghiera. Nella preghiera di Gesù si trova il luogo interiore, più profondo, della nostra unità. Diventeremo una sola cosa, se ci lasceremo attirare dentro tale preghiera. Ogni volta che, come cristiani, ci troviamo riuniti nella preghiera, questa lotta di Gesù riguardo a noi e con il Padre per noi dovrebbe toccarci profondamente nel cuore. Quanto più ci lasciamo attrarre in questa dinamica, tanto più si realizza l'unità.

È rimasta inascoltata la preghiera di Gesù? La storia del cristianesimo è, per così dire, il lato visibile di questo dramma, in cui Cristo lotta e soffre con noi esseri umani. Sempre di nuovo Egli deve sopportare il contrasto con l'unità, e tuttavia sempre di nuovo si compie anche l'unità con Lui e così con il Dio trinitario. Dobbiamo vedere ambedue le cose: il peccato dell'uomo, che si nega a Dio, si ritira in se stesso, ma anche le vittorie di Dio, che sostiene la Chiesa nonostante la sua debolezza e attira continuamente uomini dentro di sé, avvicinandoli così gli uni agli altri. [...]

L'unità fondamentale consiste nel fatto che crediamo in Dio, Padre onnipotente, Creatore del cielo e della terra. Che lo professiamo quale Dio trinitario – Padre, Figlio e Spirito Santo. L'unità suprema non è solitudine di una monade, ma unità attraverso l'amore. Crediamo in Dio – nel Dio concreto. Crediamo nel fatto che Dio ci ha parlato e si è fatto uno di noi. Testimoniare questo Dio vivente è il nostro comune compito nel momento attuale.

L'uomo ha bisogno di Dio, oppure le cose vanno abbastanza bene anche senza di Lui? Quando, in una prima fase dell'assenza di Dio, la sua luce continua ancora a mandare i suoi riflessi e tiene insieme l'ordine dell'esistenza umana, si ha l'impressione che le cose funzionino abbastanza bene anche senza Dio. Ma quanto più il mondo si allontana da Dio, tanto più diventa chiaro che l'uomo, nell'*hybris* del potere, nel vuoto del cuore e nella brama di soddisfazione e di felicità, «perde» sempre di più la vita. La sete di infinito è presente nell'uomo in modo inestirpabile. L'uomo è stato creato per la relazione con Dio e ha bisogno di Lui. Il nostro primo servizio in questo tempo deve essere di testimoniare insieme la presenza del Dio vivente e con ciò dare al mondo la risposta di cui ha bisogno. Naturalmente di questa testimonianza fondamentale per Dio fa parte, in modo assolutamente centrale, la testimonianza per Gesù Cristo, vero Dio e vero uomo, che è vissuto insieme con noi, ha patito per noi, è morto per noi e, nella risurrezione, ha spalancato la porta della morte.

Un solo Dio

Esiste un solo Dio, che è il Creatore del cielo e della terra e perciò è anche il Dio di tutti gli uomini. Due fatti in questa precisazione sono singolari: che veramente tutti gli altri dèi non sono Dio e che tutta la realtà nella quale viviamo risale a Dio, è creata da Lui. Certamente, l'idea di una creazione esiste anche altrove, ma solo qui risulta assolutamente chiaro che non un dio qualsiasi, ma l'unico vero Dio, Egli stesso, è l'autore dell'intera realtà; essa proviene dalla potenza della sua Parola creatrice. Ciò significa che questa sua creatura gli è cara, perché appunto da Lui stesso è stata voluta, da Lui «fatta». E così appare ora il secondo elemento importante: questo Dio ama l'uomo. La potenza divina che Aristotele, al culmine della filosofia greca, cercò di cogliere mediante la riflessione, è sì per ogni essere oggetto del desiderio e dell'amore – come realtà amata questa divinità muove il mondo[1] –, ma essa stessa non ha bisogno di niente e non ama, soltanto viene amata. L'unico Dio in cui Israele crede, invece, ama personalmente. Il suo amore, inoltre, è un amore elettivo: tra tutti i popoli Egli sceglie Israele e lo ama – con lo scopo però di guarire, proprio in tal modo, l'intera umanità. Egli ama, e questo suo amore può essere qualificato senz'altro come *eros*, che tuttavia è anche e totalmente *agape*[2].

[1] Cfr. *Metafisica*, XII, 7.

[2] Cfr. Pseudo Dionigi Areopagita che, nel suo *Sui nomi divini*, IV, 12-14: PG 3, 709-713, chiama Dio nello stesso tempo *eros* e *agape*.

Creatore del cielo e della terra

Il cammino attraverso le vie della Sacra Scrittura comincia, nella Veglia Pasquale, con il racconto della creazione. Con ciò la liturgia vuole dirci che anche il racconto della creazione è una profezia. Non è un'informazione sullo svolgimento esteriore del divenire del cosmo e dell'uomo. I Padri della Chiesa ne erano ben consapevoli. Non intesero tale racconto come narrazione sullo svolgimento delle origini delle cose, bensì quale rimando all'essenziale, al vero principio e al fine del nostro essere. Ora, ci si può chiedere: ma è veramente importante nella Veglia Pasquale parlare anche della creazione? Non si potrebbe cominciare con gli avvenimenti in cui Dio chiama l'uomo, si forma un popolo e crea la sua storia con gli uomini sulla terra? La risposta deve essere: no. Omettere la creazione significherebbe fraintendere la stessa storia di Dio con gli uomini, sminuirla, non vedere più il suo vero ordine di grandezza. Il raggio della storia che Dio ha fondato giunge fino alle origini, fino alla creazione. La nostra professione di fede inizia con le parole: «Credo in Dio, Padre onnipotente, Creatore del cielo e della terra». Se omettiamo questo primo articolo del *Credo*, l'intera storia della salvezza diventa troppo ristretta e troppo piccola. La Chiesa non è una qualsiasi associazione che si occupa dei bisogni religiosi degli uomini, ma che ha, appunto, lo scopo limitato di tale associazione. No, essa porta l'uomo in contatto con Dio e quindi con il principio di ogni cosa. Per questo Dio ci riguarda come Creatore, e per questo abbiamo una responsabilità per la creazione. La nostra responsabilità si estende fino alla creazione, perché essa proviene dal Creatore. Solo perché Dio ha creato il tutto, può darci vita e guidare la nostra vita. La vita nella fede della Chiesa non abbraccia soltanto un ambito di sensazioni e di sentimenti e forse di obblighi morali. Essa abbraccia l'uomo nella sua interezza, dalle sue origini e in prospettiva dell'eternità. Solo perché la creazione appartiene a Dio, noi possiamo far affidamento su di Lui fino in fondo. E solo perché Egli è Creatore, può darci la vita per l'eternità. La gioia per la creazione, la gratitudine per la creazione e la responsabilità per essa vanno una insieme all'altra.

Il messaggio centrale del racconto della creazione si lascia determinare ancora più precisamente. San Giovanni, nelle prime parole del suo Vangelo, ha riassunto il significato essenziale di tale racconto in quest'unica frase: «In principio era il Verbo». In effetti, il racconto della creazione è caratterizzato dalla frase che ricorre con regolarità: «Dio disse...». Il mondo è un prodotto della Parola, del *Logos*, come si esprime Giovanni con un termine centrale della lingua greca. *Logos* significa «ragione», «senso», «parola». Non è soltanto ragione, ma Ragione creatrice che parla e che comunica se stessa. È Ragione che è senso e che crea essa stessa senso. Il racconto della creazione ci dice, dunque, che il mondo è un prodotto della Ragione creatrice. E con ciò esso ci dice che all'origine di tutte le cose non stava ciò che è senza ragione, senza libertà, bensì il principio di tutte le cose è la Ragione creatrice, è l'amore, è la libertà. Qui ci troviamo di fronte all'alternativa ultima che è in gioco nella disputa tra fede e incredulità: sono l'irrazionalità, l'assenza di libertà e il caso il principio di tutto, oppure sono ragione, libertà, amore il principio dell'essere? Il primato spetta all'irrazionalità o alla ragione? È questa la domanda di cui si tratta in ultima analisi.

Come credenti rispondiamo con il racconto della creazione e con san Giovanni: all'origine sta la ragione. All'origine sta la libertà. Per questo è cosa buona essere una persona umana. Non è così che nell'universo in espansione, alla fine, in un piccolo angolo qualsiasi del cosmo si formò per caso anche una qualche specie di essere vivente, capace di ragionare e di tentare di trovare nella creazione una ragione o di portarla in essa. Se l'uomo fosse soltanto un tale prodotto casuale dell'evoluzione in qualche posto al margine dell'universo, allora la sua vita sarebbe priva di senso o addirittura un disturbo della natura. Invece no: la Ragione è all'inizio, la Ragione creatrice, divina. E siccome è Ragione, essa ha creato anche la libertà; e siccome della libertà si può fare uso indebito, esiste anche ciò che è avverso alla creazione. Per questo si estende, per così dire, una spessa linea oscura attraverso la struttura dell'universo e attraverso la natura dell'uomo. Ma nonostante questa contraddizione, la creazione come tale rimane buona, la vita rimane buona, perché all'origine sta la Ragione buona, l'amore creatore di Dio. Per questo il mondo può essere salvato. Per questo possiamo e dobbiamo metterci dalla parte della ragione, della libertà e dell'amore – dalla parte di Dio che ci ama così tanto che Egli ha sofferto per noi, affinché dalla sua morte potesse sorgere una vita nuova, definitiva, risanata.

Il racconto veterotestamentario della creazione indica chiaramente quest'ordine delle realtà. Ma ci fa fare un passo ancora più avanti. Ha strutturato il processo della creazione nel quadro di una settimana che va verso il Sabato, trovando in esso il suo compimento. Per Israele, il Sabato era il giorno in cui tutti potevano partecipare al riposo di Dio, in cui uomo e animale, padrone e schiavo, grandi e piccoli erano uniti nella libertà di Dio. Così il

Sabato era espressione dell'alleanza tra Dio e uomo e la creazione. In questo modo, la comunione tra Dio e uomo non appare come qualcosa di aggiunto, instaurato successivamente in un mondo la cui creazione era già terminata. L'alleanza, la comunione tra Dio e l'uomo, è predisposta nel più profondo della creazione. Sì, l'alleanza è la ragione intrinseca della creazione come la creazione è il presupposto esteriore dell'alleanza. Dio ha fatto il mondo, perché ci sia un luogo dove Egli possa comunicare il suo amore e dal quale la risposta d'amore ritorni a Lui. Davanti a Dio, il cuore dell'uomo che gli risponde è più grande e più importante dell'intero immenso cosmo materiale che, certamente, ci lascia intravedere qualcosa della grandezza di Dio.

La grammatica del creato

Nella natura il credente riconosce il meraviglioso risultato dell'intervento creativo di Dio, che l'uomo può responsabilmente utilizzare per soddisfare i suoi legittimi bisogni – materiali e immateriali – nel rispetto degli intrinseci equilibri del creato stesso. Se tale visione viene meno, l'uomo finisce o per considerare la natura un tabù intoccabile o, al contrario, per abusarne. Ambedue questi atteggiamenti non sono conformi alla visione cristiana della natura, frutto della creazione di Dio.

La natura è espressione di un disegno di amore e di verità. Essa ci precede e ci è donata da Dio come ambiente di vita. Ci parla del Creatore (cfr. Rm 1,20) e del suo amore per l'umanità. È destinata ad essere «ricapitolata» in Cristo alla fine dei tempi (cfr. Ef 1,9-10; Col 1,19-20). Anch'essa, quindi, è una «vocazione»[3]. La natura è a nostra disposizione non come «un mucchio di rifiuti sparsi a caso»[4], bensì come un dono del Creatore che ne ha disegnato gli ordinamenti intrinseci, affinché l'uomo ne tragga gli orientamenti doverosi per «custodirla e coltivarla» (Gn 2,15). Ma bisogna anche sottolineare che è contrario al vero sviluppo considerare la natura più importante della stessa persona umana. Questa posizione induce ad atteggiamenti neopagani o di nuovo panteismo: dalla sola natura, intesa in senso puramente naturalistico, non può derivare la salvezza per l'uomo. Peraltro, bisogna anche rifiutare la posizione contraria, che mira alla sua completa tecnicizzazione, perché l'ambiente naturale non è solo materia di cui disporre a nostro

[3] Giovanni Paolo II, *Messaggio per la Giornata Mondiale della Pace 1990*, 6: *AAS* 82 (1990), 150.

[4] Eraclito di Efeso (Efeso 535 a.C. ca. - 475 a.C. ca.), Frammento 22B124, in H. Diels - W. Kranz, *Die Fragmente der Vorsokratiker*, Weidmann, Berlin 1952[6].

piacimento, ma opera mirabile del Creatore, recante in sé una «grammatica» che indica finalità e criteri per un utilizzo sapiente, non strumentale e arbitrario.

La grande speranza

Chi non conosce Dio, pur potendo avere molteplici speranze, in fondo è senza speranza, senza la grande speranza che sorregge tutta la vita (cfr. Ef 2,12). La vera, grande speranza dell'uomo, che resiste nonostante tutte le delusioni, può essere solo Dio – il Dio che ci ha amati e ci ama tuttora «sino alla fine», «fino al pieno compimento» (cfr. Gv 13,1 e 19,30). Chi viene toccato dall'amore comincia a intuire che cosa propriamente sarebbe «vita». Comincia a intuire che cosa vuole dire la parola di speranza che abbiamo incontrato nel rito del Battesimo: dalla fede aspetto la «vita eterna» – la vita vera che, interamente e senza minacce, in tutta la sua pienezza è semplicemente vita. Gesù che di sé ha detto di essere venuto perché noi abbiamo la vita e l'abbiamo in pienezza, in abbondanza (cfr. Gv 10,10), ci ha anche spiegato che cosa significhi «vita»: «Questa è la vita eterna: che conoscano te, l'unico vero Dio, e colui che hai mandato, Gesù Cristo» (Gv 17,3). La vita nel senso vero non la si ha in sé da soli e neppure solo da sé: essa è una relazione. E la vita nella sua totalità è relazione con Colui che è la sorgente della vita. Se siamo in relazione con Colui che non muore, che è la Vita stessa e lo stesso Amore, allora siamo nella vita. Allora «viviamo».

La duplice dimensione dell'amore

È veramente possibile amare Dio pur non vedendolo? E: l'amore si può comandare? Contro il duplice comandamento dell'amore esiste la duplice obiezione, che risuona in queste domande. Nessuno ha mai visto Dio – come potremmo amarlo? E inoltre: l'amore non si può comandare; è in definitiva un sentimento che può esserci o non esserci, ma che non può essere creato dalla volontà. La Scrittura sembra avallare la prima obiezione quando afferma: «Se uno dicesse: "Io amo Dio" e odiasse il suo fratello, è un mentitore. Chi infatti non ama il proprio fratello che vede, non può amare Dio che non vede» (1Gv 4,20). Ma questo testo non esclude affatto l'amore di Dio come qualcosa di impossibile; al contrario, nell'intero contesto della Prima Lettera di Giovanni ora citata, tale amore viene richiesto esplicitamente. Viene sottolineato il collegamento inscindibile tra amore di Dio e amore del prossimo. Entrambi si richiamano così strettamente che l'affermazione dell'amore di Dio diventa una menzogna, se l'uomo si chiude al prossimo o addirittura lo odia. Il versetto giovanneo si deve interpretare piuttosto nel senso che l'amore per il prossimo è una strada per incontrare anche Dio e che il chiudere gli occhi di fronte al prossimo rende ciechi anche di fronte a Dio.

In effetti, nessuno ha mai visto Dio così come Egli è in se stesso. E tuttavia Dio non è per noi totalmente invisibile, non è rimasto per noi semplicemente inaccessibile. Dio ci ha amati per primo, dice la Lettera di Giovanni citata (cfr. 4,10) e questo amore di Dio è apparso in mezzo a noi, si è fatto visibile in quanto Egli «ha mandato il suo Figlio unigenito nel mondo, perché noi avessimo la vita per lui» (1Gv 4,9). Dio si è fatto visibile: in Gesù noi possiamo vedere il Padre (cfr. Gv 14,9). Di fatto esiste una molteplice visibilità di Dio. Nella storia d'amore che la Bibbia ci racconta, Egli ci viene incontro, cerca di conquistarci – fino all'Ultima Cena, fino al Cuore trafitto sulla croce, fino alle apparizioni del Risorto e alle grandi opere mediante le quali Egli, attraverso l'azione degli Apostoli, ha guidato il cammino della Chiesa nascente. Anche nella successiva storia della Chiesa il Signore non è rimasto assente:

sempre di nuovo ci viene incontro – attraverso uomini nei quali Egli traspare; attraverso la sua Parola, nei Sacramenti, specialmente nell'Eucaristia. Nella liturgia della Chiesa, nella sua preghiera, nella comunità viva dei credenti, noi sperimentiamo l'amore di Dio, percepiamo la sua presenza e impariamo in questo modo anche a riconoscerla nel nostro quotidiano. Egli per primo ci ha amati e continua ad amarci per primo; per questo anche noi possiamo rispondere con l'amore. Dio non ci ordina un sentimento che non possiamo suscitare in noi stessi. Egli ci ama, ci fa vedere e sperimentare il suo amore e, da questo «prima» di Dio, può come risposta spuntare l'amore anche in noi.

Nello sviluppo di questo incontro si rivela con chiarezza che l'amore non è soltanto un sentimento. I sentimenti vanno e vengono. Il sentimento può essere una meravigliosa scintilla iniziale, ma non è la totalità dell'amore. Abbiamo all'inizio parlato del processo delle purificazioni e delle maturazioni, attraverso le quali l'*eros* diventa pienamente se stesso, diventa amore nel pieno significato della parola. È proprio della maturità dell'amore coinvolgere tutte le potenzialità dell'uomo ed includere, per così dire, l'uomo nella sua interezza. L'incontro con le manifestazioni visibili dell'amore di Dio può suscitare in noi il sentimento della gioia, che nasce dall'esperienza dell'essere amati. Ma tale incontro chiama in causa anche la nostra volontà e il nostro intelletto. Il riconoscimento del Dio vivente è una via verso l'amore, e il sì della nostra volontà alla sua unisce intelletto, volontà e sentimento nell'atto totalizzante dell'amore. Questo però è un processo che rimane continuamente in cammino: l'amore non è mai «concluso» e completato; si trasforma nel corso della vita, matura e proprio per questo rimane fedele a se stesso. *Idem velle atque idem nolle*[5] – volere la stessa cosa e rifiutare la stessa cosa, è quanto gli antichi hanno riconosciuto come autentico contenuto dell'amore: il diventare l'uno simile all'altro, che conduce alla comunanza del volere e del pensare. La storia d'amore tra Dio e l'uomo consiste appunto nel fatto che questa comunione di volontà cresce in comunione di pensiero e di sentimento e, così, il nostro volere e la volontà di Dio coincidono sempre di più: la volontà di Dio non è più per me una volontà estranea, che i comandamenti mi impongono dall'esterno, ma è la mia stessa volontà, in base all'esperienza che, di fatto, Dio è più intimo a me di quanto lo sia io stesso[6]. Allora cresce l'abbandono in Dio e Dio diventa la nostra gioia (cfr. Sal 73 [72],23-28).

[5] Sallustio, *De coniuratione Catilinae*, XX, 4.
[6] Cfr. Sant'Agostino, *Confessiones*, III, 6, 11: CCL 27, 32.

Si rivela così possibile l'amore del prossimo nel senso enunciato dalla Bibbia, da Gesù. Esso consiste appunto nel fatto che io amo, in Dio e con Dio, anche la persona che non gradisco o neanche conosco. Questo può realizzarsi solo a partire dall'intimo incontro con Dio, un incontro che è diventato comunione di volontà arrivando fino a toccare il sentimento. Allora imparo a guardare quest'altra persona non più soltanto con i miei occhi e con i miei sentimenti, ma secondo la prospettiva di Gesù Cristo. Il suo amico è mio amico. Al di là dell'apparenza esteriore dell'altro scorgo la sua interiore attesa di un gesto di amore, di attenzione, che io non faccio arrivare a lui soltanto attraverso le organizzazioni a ciò deputate, accettandolo magari come necessità politica. Io vedo con gli occhi di Cristo e posso dare all'altro ben più che le cose esternamente necessarie: posso donargli lo sguardo di amore di cui egli ha bisogno. Qui si mostra l'interazione necessaria tra amore di Dio e amore del prossimo, di cui la Prima Lettera di Giovanni parla con tanta insistenza. Se il contatto con Dio manca del tutto nella mia vita, posso vedere nell'altro sempre soltanto l'altro e non riesco a riconoscere in lui l'immagine divina. Se però nella mia vita tralascio completamente l'attenzione per l'altro, volendo essere solamente «pio» e compiere i miei «doveri religiosi», allora s'inaridisce anche il rapporto con Dio. Allora questo rapporto è soltanto «corretto», ma senza amore. Solo la mia disponibilità ad andare incontro al prossimo, a mostrargli amore, mi rende sensibile anche di fronte a Dio. Solo il servizio al prossimo apre i miei occhi su quello che Dio fa per me e su come Egli mi ama. I santi – pensiamo ad esempio alla beata Teresa di Calcutta – hanno attinto la loro capacità di amare il prossimo, in modo sempre nuovo, dal loro incontro col Signore eucaristico e, reciprocamente, questo incontro ha acquisito il suo realismo e la sua profondità proprio nel loro servizio agli altri. Amore di Dio e amore del prossimo sono inseparabili, sono un unico comandamento. Entrambi però vivono dell'amore preveniente di Dio che ci ha amati per primo. Così non si tratta più di un «comandamento» dall'esterno che ci impone l'impossibile, bensì di un'esperienza dell'amore donata dall'interno, un amore che, per sua natura, deve essere ulteriormente partecipato ad altri. L'amore cresce attraverso l'amore. L'amore è «divino» perché viene da Dio e ci unisce a Dio e, mediante questo processo unificante, ci trasforma in un Noi che supera le nostre divisioni e ci fa diventare una cosa sola, fino a che, alla fine, Dio sia «tutto in tutti» (1Cor 15,28).

II

GESÙ CRISTO

Il rivelatore del Padre

«*Volgeranno lo sguardo a Colui che hanno trafitto*» (Gv 19,37). [...] Con viva partecipazione volgiamo adesso il nostro sguardo a Cristo crocifisso che, morendo sul Calvario, ci ha rivelato pienamente l'amore di Dio. Sul tema dell'amore mi sono soffermato nell'Enciclica *Deus caritas est*, mettendo in rilievo le sue due forme fondamentali: l'*agape* e l'*eros*.

Il termine *agape*, molte volte presente nel Nuovo Testamento, indica l'amore oblativo di chi ricerca esclusivamente il bene dell'altro; la parola *eros* denota invece l'amore di chi desidera possedere ciò che gli manca e anela all'unione con l'amato. L'amore di cui Dio ci circonda è senz'altro *agape*. In effetti, può l'uomo dare a Dio qualcosa di buono che Egli già non possegga? Tutto ciò che l'umana creatura è ed ha è dono divino: è dunque la creatura ad aver bisogno di Dio in tutto. Ma l'amore di Dio è anche *eros*. Nell'Antico Testamento il Creatore dell'universo mostra verso il popolo che si è scelto una predilezione che trascende ogni umana motivazione. Il profeta Osea esprime questa passione divina con immagini audaci come quella dell'amore di un uomo per una donna adultera (cfr. 3,1-3); Ezechiele, per parte sua, parlando del rapporto di Dio con il popolo di Israele, non teme di utilizzare un linguaggio ardente e appassionato (cfr. 16,1-22). Questi testi biblici indicano che l'*eros* fa parte del cuore stesso di Dio: l'Onnipotente attende il «sì» delle sue creature come un giovane sposo quello della sua sposa. Purtroppo fin dalle sue origini l'umanità, sedotta dalle menzogne del Maligno, si è chiusa all'amore di Dio, nell'illusione di una impossibile autosufficienza (cfr. Gn 3,1-7). Ripiegandosi su se stesso, Adamo si è allontanato da quella fonte della vita che è Dio stesso, ed è diventato il primo di «quelli che per timore della morte erano tenuti in schiavitù per tutta la vita» (Eb 2,15). Dio, però, non si è dato per vinto, anzi il «no» dell'uomo è stato come la spinta decisiva che l'ha indotto a manifestare il suo amore in tutta la sua forza redentrice.

È nel mistero della Croce che si rivela appieno la potenza incontenibile della misericordia del Padre celeste.

Per riconquistare l'amore della sua creatura, Egli ha accettato di pagare un prezzo altissimo: il sangue del suo Unigenito Figlio. La morte, che per il primo Adamo era segno estremo di solitudine e di impotenza, si è così trasformata nel supremo atto d'amore e di libertà del nuovo Adamo. Ben si può allora affermare, con san Massimo il Confessore, che Cristo «morì, se così si può dire, divinamente, poiché morì liberamente» (*Ambigua*, 91, 1056). Nella Croce si manifesta l'*eros* di Dio per noi. *Eros* è infatti – come si esprime lo Pseudo Dionigi – quella forza «che non permette all'amante di rimanere in se stesso, ma lo spinge a unirsi all'amato» (*De divinis nominibus*, IV, 13: PG 3, 712). Quale più «folle *eros*» (N. Cabasilas, *Vita in Cristo,* 648) di quello che ha portato il Figlio di Dio a unirsi a noi fino al punto di soffrire come proprie le conseguenze dei nostri delitti?

Guardiamo a Cristo trafitto in Croce! È Lui la rivelazione più sconvolgente dell'amore di Dio, un amore in cui *eros* e *agape*, lungi dal contrapporsi, si illuminano a vicenda. Sulla Croce è Dio stesso che mendica l'amore della sua creatura: Egli ha sete dell'amore di ognuno di noi. L'apostolo Tommaso riconobbe Gesù come «Signore e Dio» quando mise la mano nella ferita del suo costato. Non sorprende che, tra i santi, molti abbiano trovato nel Cuore di Gesù l'espressione più commovente di questo mistero di amore. Si potrebbe addirittura dire che la rivelazione dell'*eros* di Dio verso l'uomo è, in realtà, l'espressione suprema della sua *agape*. In verità, solo l'amore in cui si uniscono il dono gratuito di sé e il desiderio appassionato di reciprocità infonde un'ebbrezza che rende leggeri i sacrifici più pesanti. Gesù ha detto: «Quando sarò innalzato da terra, attirerò tutti a me» (Gv 12,32). La risposta che il Signore ardentemente desidera da noi è innanzitutto che noi accogliamo il suo amore e ci lasciamo attrarre da Lui. Accettare il suo amore, però, non basta. Occorre corrispondere a tale amore e impegnarsi poi a comunicarlo agli altri: Cristo «mi attira a sé» per unirsi a me, perché impari ad amare i fratelli con il suo stesso amore.

«Volgeranno lo sguardo a Colui che hanno trafitto». Guardiamo con fiducia al costato trafitto di Gesù, da cui sgorgarono «sangue e acqua» (Gv 19,34)! I Padri della Chiesa hanno considerato questi elementi come simboli dei sacramenti del Battesimo e dell'Eucaristia. Con l'acqua del Battesimo, grazie all'azione dello Spirito Santo, si dischiude a noi l'intimità dell'amore trinitario. Memori del nostro Battesimo, siamo esortati a uscire da noi stessi per aprirci, in un confidente abbandono, all'abbraccio misericordioso del Padre (cfr. san Giovanni Crisostomo, *Catechesi*, 3,14ss.). Il sangue, simbolo

dell'amore del Buon Pastore, fluisce in noi specialmente nel mistero eucaristico: «L'Eucaristia ci attira nell'atto oblativo di Gesù... veniamo coinvolti nella dinamica della sua donazione» (*Deus caritas est*, 13). Contemplare «Colui che hanno trafitto» ci spingerà in tal modo ad aprire il cuore agli altri riconoscendo le ferite inferte alla dignità dell'essere umano; ci spingerà, in particolare, a combattere ogni forma di disprezzo della vita e di sfruttamento della persona e ad alleviare i drammi della solitudine e dell'abbandono di tante persone.

Re dei poveri e della pace

Per capire quello che avvenne nella Domenica delle Palme e sapere che cosa essa, oltre che per quell'ora, significa per ogni tempo, si rivela importante un particolare, che diventò anche per i suoi discepoli la chiave per la comprensione dell'evento quando, dopo la Pasqua, ripercorsero con uno sguardo nuovo quelle giornate tumultuose. Gesù entra nella Città Santa cavalcando un asino, l'animale cioè della semplice gente comune della campagna, e per di più un asino che non gli appartiene, ma che Egli, per questa occasione, chiede in prestito. Non arriva in una sfarzosa carrozza regale, non a cavallo come i grandi del mondo, ma su un asino preso in prestito. Giovanni ci racconta che in un primo momento i discepoli questo non lo capirono. Solo dopo Pasqua si accorsero che Gesù, agendo così, dava compimento agli annunci dei profeti, capirono che il suo agire derivava dalla parola di Dio e la portava al suo adempimento. Si ricordarono, dice Giovanni, che nel profeta Zaccaria si legge: «Non temere, figlia di Sion! Ecco, il tuo re viene, seduto sopra un puledro d'asina» (Gv 12,15; cfr. Zc 9,9). Per comprendere il significato della profezia e così dello stesso agire di Gesù, dobbiamo ascoltare il testo intero di Zaccaria, che continua così: «Farà sparire i carri da Efraim e i cavalli da Gerusalemme; l'arco di guerra sarà spezzato, annunzierà la pace alle genti. Il suo dominio sarà da mare a mare e dal fiume ai confini della terra» (9,10). Con ciò il profeta afferma tre cose sul re venturo.

In primo luogo dice che egli sarà un re dei poveri, un povero tra i poveri e per i poveri. La povertà s'intende in questo caso nel senso degli *anawim* d'Israele, di quelle anime credenti e umili che incontriamo intorno a Gesù – nella prospettiva della prima Beatitudine del Discorso della montagna. Uno può essere materialmente povero, ma avere il cuore pieno di bramosia della ricchezza materiale e del potere che deriva dalla ricchezza. Proprio il fatto che egli vive nell'invidia e nella cupidigia dimostra che nel suo cuore appartiene ai ricchi. Desidera di rovesciare la ripartizione dei beni, ma per arrivare ad essere lui stesso nella situazione dei ricchi di prima. La povertà nel senso di Gesù – nel senso dei profeti – presuppone soprattutto la libertà interiore dall'avidità di possesso e dalla smania di potere. Si tratta di una realtà più grande di una semplice ripartizione diversa dei beni, che resterebbe però nel campo materiale, rendendo anzi i cuori più duri. Si tratta innanzitutto della purificazione del cuore, grazie alla quale si riconosce il possesso come responsabilità, come compito verso gli altri, mettendosi sotto gli occhi di Dio e lasciandosi guidare da Cristo che, essendo ricco, si è fatto povero per noi (cfr. 2Cor 8,9). La libertà interiore è il presupposto per il superamento della corruzione e dell'avidità che ormai devastano il mondo; tale libertà può essere trovata soltanto se Dio diventa la nostra ricchezza; può essere trovata soltanto nella pazienza delle rinunce quotidiane, nelle quali essa si sviluppa come libertà vera. Al re che ci indica la via verso questa meta – Gesù –, a Lui chiediamo di prenderci con sé sulla sua via.

Come seconda cosa, il profeta ci mostra che questo re sarà un re di pace: egli farà sparire i carri da guerra e i cavalli da battaglia, spezzerà gli archi e annuncerà la pace. Nella figura di Gesù questo si concretizza mediante il segno della Croce. Essa è l'arco spezzato, in certo qual modo il nuovo, vero arcobaleno di Dio, che congiunge il cielo e la terra e getta un ponte sugli abissi e tra i continenti. La nuova arma, che Gesù ci dà nelle mani, è la Croce – segno di riconciliazione, di perdono, segno dell'amore che è più forte della morte. Ogni volta che ci facciamo il segno della Croce dobbiamo ricordarci di non opporre all'ingiustizia un'altra ingiustizia, alla violenza un'altra violenza; ricordarci che possiamo vincere il male soltanto con il bene e mai rendendo male per male.

La terza affermazione del profeta è il preannuncio dell'universalità. Zaccaria dice che il regno del re della pace si estende «da mare a mare… fino ai confini della terra». L'antica promessa della Terra, fatta ad Abramo e ai Padri, viene qui sostituita da una nuova visione: lo spazio del re messianico non è più un determinato paese che poi si separerebbe necessariamente dagli altri e quindi inevitabilmente prenderebbe anche posizione contro altri paesi. Il suo paese è la terra, il mondo intero. Superando ogni delimitazione Egli, nella molteplicità delle culture, crea unità. Penetrando con lo sguardo le nubi della storia che separavano il profeta da Gesù, vediamo in questa profezia emergere da lontano nella profezia la rete delle comunità eucaristiche che abbraccia la terra, tutto il mondo – una rete di comunità che costituiscono il «Regno della pace» di Gesù da mare a mare fino ai confini della terra. In tutte le culture e in tutte le parti del mondo, ovunque nelle misere capanne e nelle povere campagne, come anche nello splendore delle cattedrali, Egli viene. Dappertutto Egli è lo stesso, l'Unico, e così tutti gli oranti radunati, nella comunione con Lui, sono anche tra di loro uniti insieme in un unico corpo. Cristo domina facendosi Egli stesso il nostro pane e donandosi a noi. È in questo modo che Egli costruisce il suo Regno.

Patì sotto Ponzio Pilato

Con la Messa in *Coena Domini*, i solenni riti liturgici ci aiutano a meditare in maniera più viva la passione, la morte e la risurrezione del Signore nei giorni del Santo Triduo pasquale, fulcro dell'intero anno liturgico. Possa la grazia divina aprire i nostri cuori alla comprensione del dono inestimabile che è la salvezza ottenutaci dal sacrificio di Cristo. Questo dono immenso lo troviamo mirabilmente narrato in un celebre inno contenuto nella Lettera ai Filippesi (cfr. 2,6-11). L'Apostolo ripercorre, in modo tanto essenziale quanto efficace, tutto il mistero della storia della salvezza accennando alla superbia di

Adamo che, pur non essendo Dio, voleva essere come Dio. E contrappone a questa superbia del primo uomo, che tutti noi sentiamo un po' nel nostro essere, l'umiltà del vero Figlio di Dio che, diventando uomo, non esitò a prendere su di sé tutte le debolezze dell'essere umano, eccetto il peccato, e si spinse fino alla profondità della morte. A questa discesa nell'ultima profondità della passione e della morte segue poi la sua esaltazione, la vera gloria, la gloria dell'amore che è andato fino alla fine. Ed è perciò giusto – come dice Paolo – che «nel nome di Gesù ogni ginocchio si pieghi nei cieli, sulla terra e sotto terra, e ogni lingua proclami: Gesù Cristo è Signore!» (2,10-11). San Paolo accenna, con queste parole, a una profezia di Isaia dove Dio dice: Io sono il Signore, ogni ginocchio si pieghi davanti a me nei cieli e nella terra (cfr. Is 45,23). Questo – dice Paolo – vale per Gesù Cristo. Lui realmente, nella sua umiltà, nella vera grandezza del suo amore, è il Signore del mondo e davanti a Lui realmente ogni ginocchio si piega.

Quanto meraviglioso, e insieme sorprendente, è questo mistero! Non possiamo mai sufficientemente meditare questa realtà. Gesù, pur essendo Dio, non volle fare delle sue prerogative divine un possesso esclusivo; non volle usare il suo essere Dio, la sua dignità gloriosa e la sua potenza, come strumento di trionfo e segno di distanza da noi. Al contrario, «svuotò se stesso» assumendo la misera e debole condizione umana – Paolo usa, a questo riguardo, un verbo greco assai pregnante per indicare la *kénosis*, questa discesa di Gesù. La forma (*morphē*) divina si nascose in Cristo sotto la forma umana, ossia sotto la nostra realtà segnata dalla sofferenza, dalla povertà, dai nostri limiti umani e dalla morte. La condivisione radicale e vera della nostra natura, condivisione in tutto fuorché nel peccato, lo condusse fino a quella frontiera che è il segno della nostra finitezza, la morte. Ma tutto ciò non è stato frutto di un meccanismo oscuro o di una cieca fatalità: fu piuttosto una sua libera scelta, per generosa adesione al disegno salvifico del Padre. E la morte a cui andò incontro – aggiunge Paolo – fu quella di croce, la più umiliante e degradante che si potesse immaginare. Tutto questo il Signore dell'universo lo ha compiuto per amore nostro: per amore ha voluto «svuotare se stesso» e farsi nostro fratello; per amore ha condiviso la nostra condizione, quella di ogni uomo e di ogni donna. Scrive in proposito un grande testimone della tradizione orientale, Teodoreto di Ciro: «Essendo Dio e Dio per natura e avendo l'uguaglianza con Dio, non ha ritenuto questo qualcosa di grande, come fanno coloro che hanno ricevuto qualche onore al di sopra dei loro meriti, ma nascondendo i suoi meriti, ha scelto l'umiltà più profonda e ha preso la forma di un essere umano» (*Commento all'epistola ai Filippesi*, 2,6-7).

Nella Messa in *Coena Domini*, la Chiesa commemora anche l'istituzione dell'Eucaristia, il Sacerdozio ministeriale e il Comandamento nuovo della carità, lasciato da Gesù ai suoi discepoli. Di quanto avvenne nel Cenacolo, la vigilia della passione del Signore, san Paolo offre una delle più antiche testimonianze. «Il Signore Gesù, – egli scrive, all'inizio degli anni cinquanta, basandosi su un testo che ha ricevuto dall'ambiente del Signore stesso – nella notte in cui veniva tradito, prese del pane e, dopo aver reso grazie, lo spezzò e disse: "Questo è il mio corpo, che è per voi; fate questo in memoria di me". Allo stesso modo, dopo aver cenato, prese anche il calice, dicendo: "Questo calice è la nuova alleanza nel mio sangue; fate questo, ogni volta che ne bevete, in memoria di me» (1Cor 11,23-25). Parole cariche di mistero, che manifestano con chiarezza il volere di Cristo: sotto le specie del pane e del vino Egli si rende presente col suo corpo dato e col suo sangue versato. È il sacrificio della nuova e definitiva alleanza offerta a tutti, senza distinzione di razza e di cultura. E di questo rito sacramentale, che consegna alla Chiesa come prova suprema del suo amore, Gesù costituisce ministri i suoi discepoli e quanti ne proseguiranno il ministero nel corso dei secoli.

Il Giovedì Santo costituisce pertanto un rinnovato invito a rendere grazie a Dio per il sommo dono dell'Eucaristia, da accogliere con devozione e da adorare con viva fede. Per questo, la Chiesa incoraggia, dopo la celebrazione della Santa Messa, a vegliare in presenza del Santissimo Sacramento, ricordando l'ora triste che Gesù passò in solitudine e preghiera nel Getsemani, prima di essere arrestato per poi venire condannato a morte.

Fu crocifisso, morì e fu sepolto

E siamo così al Venerdì Santo, giorno della passione e della crocifissione del Signore. Ogni anno, ponendoci in silenzio di fronte a Gesù appeso al legno della croce, avvertiamo quanto siano piene di amore le parole da Lui pronunciate la vigilia, nel corso dell'Ultima Cena. «Questo è il mio sangue dell'alleanza, che è versato per molti» (cfr. Mc 14,24). Gesù ha voluto offrire la sua vita in sacrificio per la remissione dei peccati dell'umanità. Come di fronte all'Eucaristia, così di fronte alla passione e morte di Gesù in Croce il mistero si fa insondabile per la ragione. Siamo posti davanti a qualcosa che umanamente potrebbe apparire assurdo: un Dio che non solo si fa uomo, con tutti i bisogni dell'uomo, non solo soffre per salvare l'uomo caricandosi di tutta la tragedia dell'umanità, ma muore per l'uomo.

La morte di Cristo richiama il cumulo di dolore e di mali che grava sull'umanità di ogni tempo: il peso schiacciante del nostro morire, l'odio e la violenza che ancora oggi insanguinano la terra. La passione del Signore continua nelle sofferenze degli uomini. Come giustamente scrive Blaise Pascal, «Gesù sarà in agonia fino alla fine del mondo; non bisogna dormire durante questo tempo» (*Pensieri*, 553). Se il Venerdì Santo è giorno pieno di tristezza, è dunque, al tempo stesso, giorno quanto mai propizio per ridestare la nostra fede, per rinsaldare la nostra speranza e il coraggio di portare ciascuno la nostra croce con umiltà, fiducia e abbandono in Dio, certi del suo sostegno e della sua vittoria. Canta la liturgia di questo giorno: «*O Crux, ave, spes unica* – Ave, o Croce, unica speranza!».

Questa speranza si alimenta nel grande silenzio del Sabato Santo, in attesa della risurrezione di Gesù. In questo giorno le chiese sono spoglie e non sono previsti particolari riti liturgici. La Chiesa veglia in preghiera come Maria e insieme a Maria, condividendone gli stessi sentimenti di dolore e di fiducia in Dio. Giustamente si raccomanda di conservare durante tutta la giornata un clima orante, favorevole alla meditazione e alla riconciliazione; si incoraggiano i fedeli ad accostarsi al sacramento della Penitenza, per poter partecipare realmente rinnovati alle Feste Pasquali.

Il raccoglimento e il silenzio del Sabato Santo ci condurranno nella notte alla solenne *Veglia Pasquale*, «madre di tutte le veglie», quando prorompera in tutte le chiese e comunità il canto della gioia per la risurrezione di Cristo. Ancora una volta, verrà proclamata la vittoria della luce sulle tenebre, della vita sulla morte, e la Chiesa gioirà nell'incontro con il suo Signore. Entreremo così nel clima della Pasqua di Risurrezione.

Il terzo giorno è risuscitato

«Se Cristo non è risorto, vuota allora è la nostra predicazione, vuota anche la vostra fede... e voi siete ancora nei vostri peccati» (1Cor 15,14.17). Con queste forti parole della Prima Lettera ai Corinzi, san Paolo fa capire quale decisiva importanza egli attribuisse alla risurrezione di Gesù. In tale evento infatti sta la soluzione del problema posto dal dramma della Croce. Da sola la Croce non potrebbe spiegare la fede cristiana, anzi rimarrebbe una tragedia, indicazione dell'assurdità dell'essere. Il mistero pasquale consiste nel fatto che quel Crocifisso «è risorto il terzo giorno secondo le Scritture» (1Cor 15,4) – così attesta la tradizione protocristiana. Sta qui la chiave di volta della cristologia paolina: tutto ruota attorno a questo centro gravitazionale. L'intero insegnamento dell'apostolo Paolo parte *dal* e arriva sempre *al* mistero di Colui che il Padre ha risuscitato da morte. La risurrezione è un dato fondamentale, quasi un assioma previo (cfr. 1Cor 15,12), in base al quale Paolo può formulare il suo annuncio (*kerigma*) sintetico: Colui che è stato crocifisso, e che ha così manifestato l'immenso amore di Dio per l'uomo, è risorto ed è vivo in mezzo a noi.

È importante cogliere il legame tra l'annuncio della risurrezione, così come Paolo lo formula, e quello in uso nelle prime comunità cristiane prepaoline. Qui davvero si può vedere l'importanza della tradizione che precede l'Apostolo e che egli, con grande rispetto e attenzione, vuole a sua volta consegnare. Il testo sulla risurrezione, contenuto nel cap. 15,1-11 della Prima Lettera ai Corinzi, pone bene in risalto il nesso tra «ricevere» e «trasmettere». San Paolo attribuisce molta importanza alla formulazione letterale della tradizione; al termine del passo in esame sottolinea: «Sia io che loro così predichiamo» (1Cor 15,11), mettendo con ciò in luce l'unità del *kerigma*, dell'annuncio per tutti i credenti e per tutti coloro che annunceranno la risurrezione di

Cristo. La *tradizione* a cui si ricollega è la fonte alla quale attingere. L'originalità della sua cristologia non va mai a discapito della fedeltà alla tradizione. Il *kerigma* degli Apostoli presiede sempre alla personale rielaborazione di Paolo; ogni sua argomentazione muove dalla tradizione comune, in cui s'esprime la fede condivisa da tutte le Chiese, che sono una sola Chiesa. E così san Paolo offre un modello per tutti i tempi sul come fare teologia e come predicare. Il teologo, il predicatore non crea nuove visioni del mondo e della vita, ma è al servizio della verità trasmessa, al servizio del fatto reale di Cristo, della Croce, della risurrezione. Il suo compito è aiutarci a comprendere oggi, dietro le antiche parole, la realtà del «Dio con noi», quindi la realtà della vera vita.

È qui opportuno precisare: san Paolo, nell'annunciare la risurrezione, non si preoccupa di presentarne un'esposizione dottrinale organica – non vuol scrivere quasi un manuale di teologia – ma affronta il tema rispondendo a dubbi e domande concrete che gli venivano proposte dai fedeli; un discorso occasionale dunque, ma pieno di fede e di teologia vissuta. Vi si riscontra una concentrazione sull'essenziale: noi siamo stati «giustificati», cioè resi giusti, salvati, dal Cristo *morto* e *risorto* per noi. Emerge innanzitutto il *fatto* della risurrezione, senza il quale la vita cristiana sarebbe semplicemente assurda. In quel mattino di Pasqua avvenne qualcosa di straordinario, di nuovo e, al tempo stesso, di molto concreto, contrassegnato da segni ben precisi, registrati da numerosi testimoni. Anche per Paolo, come per gli altri autori del Nuovo Testamento, la risurrezione è legata alla *testimonianza* di chi ha fatto un'esperienza diretta del Risorto. Si tratta di vedere e di sentire non solo con gli occhi o con i sensi, ma anche con una luce interiore che spinge a riconoscere ciò che i sensi esterni attestano come dato oggettivo. Paolo dà perciò – come i quattro Vangeli – fondamentale rilevanza al tema delle *apparizioni*, le quali sono condizione fondamentale per la fede nel Risorto che ha lasciato la tomba vuota. Questi due fatti sono importanti: *la tomba è vuota* e *Gesù è apparso realmente*. Si costituisce così quella catena della tradizione che, attraverso la testimonianza degli Apostoli e dei primi discepoli, giungerà alle generazioni successive, fino a noi. La prima conseguenza, o il primo modo di esprimere questa testimonianza, è di predicare la risurrezione di Cristo come sintesi dell'annuncio evangelico e come punto culminante di un itinerario salvifico. Tutto questo Paolo lo fa in diverse occasioni: si possono consultare le Lettere e gli Atti degli Apostoli dove si vede sempre che il punto essenziale per lui è essere testimone della risurrezione. Vorrei citare solo un testo: Paolo, arrestato a Gerusalemme, sta davanti al Sinedrio come accusato. In questa circostanza nella quale è in gioco per lui la morte o la vita, egli indica quale è il senso e il contenuto di tutta la sua predicazione: «Io sono chiamato in giudizio a motivo della speranza nella risurrezione dei morti» (At 23,6). Questo stesso ritornello Paolo ripete continuamente nelle sue Lettere (cfr. 1Ts 1,9s.; 4,13-18; 5,10), nelle quali fa appello anche alla sua personale esperienza, al suo personale incontro con Cristo risorto (cfr. Gal 1,15-16; 1Cor 9,1).

Ma possiamo domandarci: qual è, per san Paolo, il senso profondo dell'evento della risurrezione di Gesù? Che cosa dice a noi a distanza di duemila anni? L'affermazione «Cristo è risorto» è attuale anche per noi? Perché la risurrezione è per lui e per noi oggi un tema così determinante? Paolo dà solennemente risposta a questa domanda all'inizio della Lettera ai Romani, ove esordisce riferendosi al «Vangelo di Dio ... che riguarda il Figlio suo, nato dal seme di Davide secondo la carne, costituito Figlio di Dio con potenza secondo lo Spirito di santità in virtù della risurrezione dei morti» (Rm 1,3-4). Paolo sa bene e lo dice molte volte che Gesù era Figlio di Dio sempre, dal momento della sua incarnazione. La novità della risurrezione consiste nel fatto che Gesù, elevato dall'umiltà della sua esistenza terrena, viene costituito Figlio di Dio «con potenza». Il Gesù umiliato fino alla morte di croce può dire adesso agli Undici: «Mi è stato dato ogni potere in cielo e in terra» (Mt 28,18). È realizzato quanto dice il Salmo 2,8: «Chiedi a me, ti darò in possesso le genti e in dominio i confini della terra». Perciò con la risurrezione comincia l'annuncio del Vangelo di Cristo a tutti i popoli – comincia il Regno di Cristo, questo nuovo Regno che non conosce altro potere che quello della verità e dell'amore. La risurrezione svela quindi definitivamente qual è l'autentica identità e la straordinaria statura del Crocifisso. Una dignità incomparabile e altissima: *Gesù è Dio*! Per san Paolo la segreta identità di Gesù, più ancora che nell'incarnazione, si rivela nel mistero della risurrezione. Mentre il titolo di *Cristo*, cioè di «Messia», «Unto», in san Paolo tende a diventare il nome proprio di Gesù e quello di *Signore* specifica il suo rapporto personale con i credenti, ora il titolo di *Figlio di Dio* viene a illustrare l'intimo rapporto di Gesù con Dio, un rapporto che si rivela pienamente nell'evento pasquale. Si può dire, pertanto, che Gesù è risuscitato per essere il Signore dei morti e dei vivi (cfr. Rm 14,9; e 2Cor 5,15) o, in altri termini, il nostro Salvatore (cfr. Rm 4,25).

Tutto questo è gravido di importanti conseguenze per la nostra vita di fede: noi siamo chiamati a partecipare fin nell'intimo del nostro essere a tutta la vicenda della morte e della risurrezione di Cristo. Dice l'Apostolo: siamo «morti con Cristo» e crediamo che «vivremo con lui, sapendo che Cristo risorto dai morti non muore più; la morte non ha più potere su di lui» (Rm 6,8-9). Ciò si traduce in una condivisione delle sofferenze di Cristo, che prelude a quella piena configurazione con Lui mediante la risurrezione a cui miriamo nella speranza. È ciò che è avvenuto anche a san Paolo, la cui personale esperienza è descritta nelle Lettere con toni tanto accorati quanto realistici: «Perché io possa conoscere Lui, la potenza della sua risurrezione, la comunione alle sue sofferenze, facendomi conforme alla sua morte, nella speranza di giungere alla risurrezione dai morti» (Fil 3,10-11; cfr. 2Tm 2,8-12). La teologia della Croce non è una teoria – è la realtà della vita cristiana. Vivere nella fede in Gesù Cristo, vivere la verità e l'amore implica rinunce ogni giorno, implica sofferenze. Il cristianesimo non è la via della comodità, è piuttosto una scalata esigente, illuminata però dalla luce di Cristo e dalla grande speranza che nasce da Lui. Sant'Agostino dice: Ai cristiani non è risparmiata la sofferenza, anzi a loro ne tocca un po' di più, perché vivere la fede esprime il coraggio di affrontare la vita e la storia più in profondità. Tuttavia solo così, sperimentando la sofferenza, conosciamo la vita nella sua profondità, nella sua bellezza, nella grande speranza suscitata da Cristo crocifisso e risorto. Il credente si trova perciò collocato tra due poli: da un lato, la risurrezione che in qualche modo è già presente e operante in noi (cfr. Col 3,1-4; Ef 2,6); dall'altro, l'urgenza di inserirsi in quel processo che conduce tutti e tutto verso la pienezza, descritta nella Lettera ai Romani con un'ardita immagine: come tutta la creazione geme e soffre quasi le doglie del parto, così anche noi gemiamo nell'attesa della redenzione del nostro corpo, della nostra redenzione e risurrezione (cfr. Rm 8,18-23).

È salito al cielo, siede alla destra del Padre

La Parola di Dio pone in evidenza la risurrezione di Cristo, evento che ha rigenerato i credenti a una speranza viva, come si esprime l'apostolo Pietro all'inizio della sua Prima Lettera. Quale suo successore, anch'io esclamo con gioia: «Sia benedetto Dio e Padre del Signore nostro Gesù Cristo» (1Pt 1,3), perché mediante la risurrezione del suo Figlio ci ha rigenerati e, nella fede, ci ha donato una speranza invincibile nella vita eterna, così che noi viviamo nel presente sempre protesi verso la meta, che è l'incontro finale con il nostro Signore e

Salvatore. Forti di questa speranza non abbiamo paura delle prove, le quali, per quanto dolorose e pesanti, mai possono intaccare la gioia profonda che ci deriva dall'essere amati da Dio. Egli, nella sua provvidente misericordia, ha dato il suo Figlio per noi e noi, pur senza vederlo, crediamo in Lui e Lo amiamo (cfr. 1Pt 1,3-9). Il suo amore ci basta.

Dalla forza di questo amore, dalla salda fede nella risurrezione di Gesù che fonda la speranza, nasce e costantemente si rinnova la nostra testimonianza cristiana. È lì che si radica il nostro *Credo*, il simbolo di fede a cui ha attinto la predicazione iniziale e che continua inalterato ad alimentare il Popolo di Dio. Il contenuto del *kerigma* dell'annuncio, che costituisce la sostanza dell'intero messaggio evangelico, è Cristo, il Figlio di Dio fatto Uomo, morto e risuscitato per noi. La sua risurrezione è il mistero qualificante del Cristianesimo, il compimento sovrabbondante di tutte le profezie di salvezza. Dal Cristo risorto, primizia dell'umanità nuova, rigenerata e rigenerante, è nato in realtà, come predisse il profeta, il popolo dei «poveri» che hanno aperto il cuore al Vangelo e sono diventati e diventano sempre di nuovo «querce di giustizia», «piantagione del Signore per manifestare la sua gloria», ricostruttori di rovine, restauratori di città desolate, stimati da tutti come stirpe benedetta dal

Signore (cfr. Is 61,3-4.9). Il mistero della risurrezione del Figlio di Dio, che, salito al cielo accanto al Padre, ha effuso su di noi lo Spirito Santo, ci fa abbracciare con un solo sguardo Cristo e la Chiesa: il Risorto e i risorti, la Primizia e il campo di Dio, la Pietra angolare e le pietre vive, per usare un'altra immagine della Prima Lettera di Pietro (cfr. 2,4-8). Così avvenne all'inizio, con la prima comunità apostolica, e così deve avvenire anche ora.

Dal giorno della Pentecoste, infatti, la luce del Signore risorto ha trasfigurato la vita degli Apostoli. Essi ormai avevano la chiara percezione di non essere semplicemente discepoli di una dottrina nuova e interessante, ma testimoni prescelti e responsabili di una rivelazione a cui era legata la salvezza dei loro contemporanei e di tutte le future generazioni. La fede pasquale riempiva il loro cuore di un ardore e di uno zelo straordinario, che li rendeva pronti ad affrontare ogni difficoltà e persino la morte, e imprimeva alle loro parole un'irresistibile energia di persuasione. E così, un manipolo di persone, sprovviste di umane risorse e forti soltanto della loro fede, affrontò senza paura dure persecuzioni e il martirio. Scrive l'apostolo Giovanni: «Questa è la vittoria che ha sconfitto il mondo: la nostra fede» (1Gv 5,4b). La verità di quest'affermazione è documentata da due millenni di storia cristiana, con innumerevoli testimonianze di martiri, di santi e beati [...].

Noi oggi siamo gli eredi di quei testimoni vittoriosi! Ma proprio da questa constatazione nasce la domanda: che ne è della nostra fede? In che misura sappiamo noi oggi comunicarla? La certezza che Cristo è risorto ci assicura che nessuna forza avversa potrà mai distruggere la Chiesa. Ci anima anche la consapevolezza che soltanto Cristo può pienamente soddisfare le attese profonde di ogni cuore umano e rispondere agli interrogativi più inquietanti sul dolore, l'ingiustizia e il male, sulla morte e l'aldilà. Dunque, la nostra fede è fondata, ma occorre che questa fede diventi vita in ciascuno di noi. C'è allora un vasto e capillare sforzo da compiere perché ogni cristiano si trasformi in «testimone» capace e pronto ad assumere l'impegno di rendere conto a tutti e sempre della speranza che lo anima (cfr. 1Pt 3,15). Per questo occorre tornare ad annunciare con vigore e gioia l'evento della morte e risurrezione di Cristo, cuore del Cristianesimo, fulcro portante della nostra fede, leva potente delle nostre certezze, vento impetuoso che spazza ogni paura e indecisione, ogni dubbio e calcolo umano. Solo da Dio può venire il cambiamento decisivo del mondo. Soltanto a partire dalla Risurrezione si comprende la vera natura della Chiesa e della sua testimonianza, che non è qualcosa di staccato dal mistero pasquale, bensì ne è frutto, manifestazione e attuazione da parte di quanti, ricevendo lo Spirito Santo, sono inviati da Cristo a proseguire la sua stessa missione (cfr. Gv 20,21-23).

Il suo Regno non avrà fine

La solennità di Cristo Re dell'universo, [...] l'ultima domenica dell'anno liturgico, ci presenta, al termine dell'itinerario della fede, il volto regale di Cristo, come il *Pantokratōr* nell'abside di un'antica basilica.

Il primo servizio del Successore di Pietro è quello della fede. Nel Nuovo Testamento, Pietro diviene «pietra» della Chiesa in quanto portatore del Credo: il «noi» della Chiesa inizia col nome di colui che ha professato per primo la fede in Cristo, inizia con la *sua* fede; una fede dapprima acerba e ancora «troppo umana», ma poi, dopo la Pasqua, matura e capace di seguire Cristo fino al dono di sé; matura nel credere che Gesù è veramente il Re; che lo è proprio perché è *rimasto* sulla Croce, e *in quel modo* ha dato la vita per i peccatori. Nel Vangelo si vede che tutti chiedono a Gesù di scendere dalla croce. Lo deridono, ma è anche un modo per discolparsi, come dire: non è colpa nostra se tu sei lì sulla croce; è solo colpa tua, perché se tu fossi veramente il Figlio di Dio, il Re dei Giudei, tu non staresti lì, ma ti salveresti scendendo da quel patibolo infame. Dunque, se rimani lì, vuol dire che tu hai torto e noi abbiamo ragione. Il dramma che si svolge sotto la croce di Gesù è un dramma universale; riguarda tutti gli uomini di fronte a Dio che si rivela per quello che è, cioè Amore. In Gesù crocifisso la divinità è sfigurata, spogliata di ogni gloria visibile, ma è presente e reale. Solo la fede sa riconoscerla: la fede di Maria, che unisce nel suo cuore anche questa ultima tessera del mosaico della vita del suo Figlio; Ella non vede ancora il tutto, ma continua a confidare in Dio, ripetendo ancora una volta con lo stesso abbandono «Ecco la serva del Signore» (Lc 1,38). E poi c'è la fede del buon ladrone: una fede appena abbozzata, ma sufficiente ad assicurargli la salvezza: «Oggi con me sarai nel paradiso». Decisivo è quel «con me». Sì, è questo che lo salva. Certo, il buon ladrone è sulla croce *come* Gesù, ma soprattutto è sulla croce *con* Gesù. E, a differenza dell'altro malfattore, e di tutti gli altri che li scherniscono, non chiede a Gesù di scendere dalla croce né di farlo scendere. Dice invece: «Ricordati di me quando entrerai nel tuo regno». Lo vede in croce, sfigurato, irriconoscibile, eppure si affida a Lui come a un re, anzi, come al Re. Il buon ladrone crede a ciò che c'è scritto su quella tavola sopra la testa di Gesù: «Il re dei Giudei»: ci crede, e si affida. Per questo è già, subito, nell'«oggi» di Dio, in paradiso, perché il paradiso è questo: essere *con* Gesù, essere *con* Dio. [...]

Sappiamo ancora dai Vangeli che la croce fu il punto critico della fede di Simon Pietro e degli altri Apostoli. È chiaro e non poteva essere diversamente: erano uomini e pensavano «secondo gli uomini»; non potevano tollerare l'idea di un Messia crocifisso. La «conversione» di Pietro si realizza pienamente quando rinuncia a voler «salvare» Gesù e accetta di essere salvato da Lui. Rinuncia a voler salvare Gesù dalla croce e accetta di essere salvato dalla sua croce. «Io ho pregato per te, perché la tua fede non venga meno. E tu, una volta convertito, conferma i tuoi fratelli» (Lc 22,32), dice il Signore. Il ministero di Pietro consiste tutto nella sua fede, una fede che Gesù riconosce subito, fin dall'inizio, come genuina, come dono del Padre celeste; ma una fede che deve passare attraverso lo scandalo della croce, per diventare autentica, davvero «cristiana», per diventare «roccia» su cui Gesù possa costruire la sua Chiesa. La partecipazione alla signoria di Cristo si verifica in concreto solo nella condivisione con il suo abbassamento, con la Croce. Anche il mio ministero, così come quello dei Vescovi, successori degli Apostoli, consiste tutto nella fede. Gesù può costruire su di noi la sua Chiesa tanto quanto trova in noi di quella fede vera, pasquale, quella fede che non vuole far scendere Gesù dalla Croce, ma si affida a Lui sulla Croce. In questo senso il luogo autentico del Vicario di Cristo è la Croce, persistere nell'obbedienza della Croce.

È difficile questo ministero, perché non si allinea al modo di pensare degli uomini – a quella logica naturale che peraltro rimane sempre attiva anche in noi stessi. Ma questo è e rimane sempre il nostro primo servizio, il servizio della fede, che trasforma tutta la vita: credere che Gesù è Dio, che è il Re proprio *perché* è arrivato fino a quel punto, perché ci ha amati fino all'estremo. E questa regalità paradossale, dobbiamo testimoniarla e annunciarla *come* ha fatto Lui, il Re, cioè seguendo la sua stessa via e sforzandoci di adottare la sua stessa logica, la logica dell'umiltà e del servizio, del chicco di grano che muore per portare frutto. Il Papa, i Cardinali, i Vescovi sono chiamati ad essere profondamente uniti prima di tutto in questo: tutti insieme, sotto la guida del Successore di Pietro, devono rimanere nella signoria di Cristo, pensando e operando secondo la logica della Croce – e ciò non è mai facile né scontato. In questo dobbiamo essere compatti, e lo siamo perché non ci unisce un'idea, una strategia, ma ci uniscono l'amore di Cristo e il suo Santo Spirito. L'efficacia del nostro servizio alla Chiesa, la Sposa di Cristo, dipende essenzialmente da questo, dalla nostra fedeltà alla regalità divina dell'Amore crocifisso. [...]

Da qui deriva la nostra sapienza: *sapientia Crucis*. Su questo ha riflettuto a fondo san Paolo, il primo a tracciare un organico pensiero cristiano, centrato proprio sul paradosso della Croce (cfr. 1Cor 1,18-25; 2,1-8). Nella Lettera ai Colossesi la riflessione paolina, fecondata dalla grazia dello Spirito, raggiunge già un livello impressionante di sintesi nell'esprimere un'autentica concezione cristiana di Dio e del mondo, della salvezza personale e universale; e tutto è incentrato su Cristo, Signore dei cuori, della storia e del cosmo: «È piaciuto infatti a Dio che abiti in lui tutta la pienezza e che per mezzo di lui e in vista di lui siano riconciliate tutte le cose, avendo pacificato con il sangue della sua croce sia le cose che stanno sulla terra, sia quelle che stanno nei cieli» (Col 1,19-20). Questo siamo sempre chiamati ad annunciare al mondo: Cristo «immagine del Dio invisibile», Cristo «primogenito di tutta la creazione» e «di quelli che risorgono dai morti», perché – come scrive l'Apostolo – «sia lui ad avere il primato su tutte le cose» (Col 1,15.18). Il primato di Pietro e dei suoi Successori è totalmente al servizio di questo primato di Gesù Cristo, unico Signore; al servizio del suo Regno, cioè della sua Signoria d'amore, affinché essa venga e si diffonda, rinnovi gli uomini e le cose, trasformi la terra e faccia germogliare in essa la pace e la giustizia.

III

LO SPIRITO SANTO

Lo Spirito di Dio

Chi o che cosa è lo Spirito Santo? Come possiamo riconoscerlo? In che modo noi andiamo a Lui ed Egli viene a noi? Che cosa opera? Una prima risposta ce la dà il grande inno pentecostale della Chiesa: «*Veni, Creator Spiritus*... – Vieni, Spirito Creatore...». L'inno accenna qui ai primi versetti della Bibbia che esprimono con il ricorso a immagini la creazione dell'universo. Là si dice innanzitutto che sopra il caos, sulle acque dell'abisso, aleggiava lo Spirito di Dio. Il mondo in cui viviamo è opera dello Spirito Creatore. La Pentecoste non è solo l'origine della Chiesa e perciò, in modo speciale, la sua festa; la Pentecoste è anche una festa della creazione. Il mondo non esiste da sé; proviene dallo Spirito creativo di Dio, dalla Parola creativa di Dio. E per questo rispecchia anche la sapienza di Dio. Essa, nella sua ampiezza e nella logica onnicomprensiva delle sue leggi, lascia intravedere qualcosa dello Spirito Creatore di Dio. Essa ci chiama al timore riverenziale. Proprio chi, come cristiano, crede nello Spirito Creatore, prende coscienza del fatto che non possiamo usare e abusare del mondo e della materia come di semplice materiale del nostro fare e volere; che dobbiamo considerare la creazione come un dono affidatoci non per la distruzione, ma perché diventi il giardino di Dio e così un giardino dell'uomo. Di fronte alle molteplici forme di abuso della terra che oggi vediamo, udiamo quasi il gemito della creazione di cui parla san Paolo (Rm 8,22); cominciamo a comprendere le parole dell'Apostolo, che cioè la creazione attende con impazienza la rivelazione dei figli di Dio, per essere resa libera e raggiungere il suo splendore. Noi vogliamo essere tali figli di Dio che la creazione attende, e possiamo esserlo, perché nel battesimo il Signore ci ha resi tali. Sì, la creazione e la storia – esse ci attendono, aspettano uomini e donne che realmente siano figli di Dio e si comportino di conseguenza. Se guardiamo la storia, vediamo come intorno ai monasteri la creazione ha potuto prosperare, come con il ridestarsi dello Spirito di Dio nei cuori degli uomini è tornato il fulgore dello Spirito Creatore anche sulla terra – uno splendore che dalla barbarie dell'umana smania di potere era stato oscurato e a volte addirittura quasi spento. E di nuovo, intorno a Francesco di Assisi avviene la stessa cosa – avviene dovunque lo Spirito di Dio arriva nelle anime, questo Spirito che il nostro inno qualifica come luce, amore e vigore. Abbiamo così trovato una prima risposta alla domanda che cosa sia lo Spirito Santo, che cosa operi e come possiamo riconoscerlo. Egli ci viene incontro attraverso la creazione e la sua bellezza. Tuttavia, la creazione buona di Dio, nel corso della storia degli uomini, è stata ricoperta con uno strato massiccio di sporcizia che rende, se non impossibile, comunque difficile riconoscere in essa il riflesso del Creatore – anche se di fronte a un tramonto al mare, durante un'escursione in montagna o davanti a un fiore sbocciato si risveglia in noi sempre di nuovo, quasi spontaneamente, la consapevolezza dell'esistenza del Creatore.

Ma lo Spirito Creatore ci viene in aiuto. Egli è entrato nella storia e così ci parla in modo nuovo. In Gesù Cristo Dio stesso si è fatto uomo e ci ha concesso, per così dire, di gettare uno sguardo nell'intimità di Dio stesso. E lì vediamo una cosa del tutto inaspettata: in Dio esiste un Io e un Tu. Il Dio misterioso non è un'infinita solitudine, Egli è un evento di amore. Se dallo sguardo sulla creazione pensiamo di poter intravedere lo Spirito Creatore,

Dio stesso, quasi come matematica creativa, come potere che plasma le leggi del mondo e il loro ordine e poi, però, anche come bellezza – adesso veniamo a sapere: lo Spirito Creatore ha un cuore. Egli è Amore. Esiste il Figlio che parla col Padre. E ambedue sono una cosa sola nello Spirito che è, per così dire, l'atmosfera del donare e dell'amare che fa di loro un unico Dio. Questa unità di amore, che è Dio, è un'unità molto più sublime di quanto potrebbe essere l'unità di un'ultima particella indivisibile. Proprio il Dio trino è il solo unico Dio.

Per mezzo di Gesù gettiamo, per così dire, uno sguardo nell'intimità di Dio. Giovanni, nel suo Vangelo, lo ha espresso così: «Dio nessuno l'ha mai visto: proprio il Figlio unigenito, che è nel seno del Padre, lui lo ha rivelato» (Gv 1,18). Ma Gesù non ci ha soltanto lasciato guardare nell'intimità di Dio; con Lui Dio è anche come uscito dalla sua intimità e ci è venuto incontro. Questo avviene innanzitutto nella sua vita, passione, morte e risurrezione; nella sua parola. Ma Gesù non si accontenta di venirci incontro. Egli vuole di più. Vuole unificazione. È questo il significato delle immagini del banchetto e delle nozze. Noi non dobbiamo soltanto sapere qualcosa di Lui, ma mediante Lui stesso dobbiamo essere attratti in Dio. Per questo Egli deve morire e risuscitare. Perché ora non si trova più in un determinato luogo, ma ormai il suo Spirito, lo Spirito Santo, emana da Lui ed entra nei nostri cuori congiungendoci così con Gesù stesso e con il Padre – con il Dio Uno e Trino.

È Signore e dà la vita

Tenendo presente la testimonianza della Scrittura e della Tradizione, si riconoscono facilmente quattro dimensioni del tema «Spirito Santo».

C'è innanzitutto l'affermazione che ci viene incontro dall'inizio del racconto della creazione: vi si parla dello Spirito Creatore che aleggia sulle acque, crea il mondo e continuamente lo rinnova. La fede nello Spirito Creatore è un contenuto essenziale del *Credo* cristiano. Il dato che la materia porta in sé una struttura matematica, è piena di spirito, è il fondamento sul quale poggiano le moderne scienze della natura. Solo perché la materia è strutturata in modo intelligente, il nostro spirito è in grado di interpretarla e di attivamente rimodellarla. Il fatto che questa struttura intelligente proviene dallo stesso Spirito Creatore che ha donato lo spirito anche a noi, comporta insieme un compito e una responsabilità. Nella fede circa la creazione sta il fondamento ultimo della nostra responsabilità verso la terra. Essa non è semplicemente nostra proprietà che possiamo sfruttare secondo i nostri interessi e desideri. È piuttosto dono del Creatore che ne ha disegnato gli ordinamenti intrinseci e con ciò ci ha dato i segnali orientativi a cui attenerci come amministratori della sua creazione. Il fatto che la terra, il cosmo, rispecchino lo Spirito Creatore, significa pure che le loro strutture razionali che, al di là dell'ordine matematico, nell'esperimento diventano quasi palpabili, portano in sé anche un orientamento etico. Lo Spirito che li ha plasmati, è più che matematica – è il Bene in persona che, mediante il linguaggio della creazione, ci indica la strada della vita retta.

Poiché la fede nel Creatore è una parte essenziale del *Credo* cristiano, la Chiesa non può e non deve limitarsi a trasmettere ai suoi fedeli soltanto il messaggio della salvezza. Essa ha una responsabilità per il creato e deve far valere questa responsabilità anche in pubblico. E facendolo deve difendere non solo la terra, l'acqua e l'aria come doni della creazione appartenenti a tutti. Deve proteggere anche l'uomo contro la distruzione di se stesso. È necessario che ci sia qualcosa come una ecologia dell'uomo, intesa nel senso giusto. Non è una metafisica superata, se la Chiesa parla della natura dell'essere umano come uomo e donna e chiede che quest'ordine della creazione venga rispettato. Qui si tratta di fatto della fede nel Creatore e dell'ascolto del linguaggio della creazione, il cui disprezzo sarebbe un'autodistruzione dell'uomo e quindi una distruzione dell'opera stessa di Dio. Ciò che spesso viene espresso e inteso con il termine «*gender*», si risolve in definitiva nella autoemancipazione dell'uomo dal creato e dal Creatore. L'uomo vuole farsi da solo e disporre sempre ed esclusivamente da solo ciò che lo riguarda. Ma in questo modo vive contro la verità, vive contro lo Spirito Creatore. Le foreste tropicali meritano, sì, la nostra protezione, ma non la merita meno l'uomo come creatura, nella quale è iscritto un messaggio che non significa contraddizione della nostra libertà, ma la sua condizione. Grandi teologi della Scolastica hanno qualificato il matrimonio, cioè il legame per tutta la vita tra uomo e donna, come sacramento della creazione, che lo stesso Creatore ha istituito e che Cristo – senza modificare il messaggio della creazione – ha poi accolto nella storia della sua alleanza con gli uomini. Fa parte dell'annuncio che la Chiesa deve recare la testimonianza in favore dello Spirito Creatore presente nella natura nel suo insieme e in special modo nella natura dell'uomo, creato a immagine di Dio. Partendo da questa prospettiva occorrerebbe rileggere l'Enciclica *Humanae vitae*: l'intenzione di Papa Paolo VI era di difendere l'amore contro la sessualità come consumo, il futuro contro la pretesa esclusiva del presente e la natura dell'uomo contro la sua manipolazione.

Ha parlato per mezzo dei profeti

Solo qualche ulteriore breve accenno circa le altre dimensioni della pneumatologia. Se lo Spirito Creatore si manifesta innanzitutto nella grandezza silenziosa dell'universo, nella sua struttura intelligente, la fede, oltre a ciò, ci dice la cosa inaspettata, che cioè questo Spirito parla, per così dire, anche con parole umane, è entrato nella storia e, come forza che plasma la storia, è anche uno Spirito parlante, anzi, è Parola che negli Scritti dell'Antico e del Nuovo Testamento ci viene incontro. Che cosa questo significhi per noi, l'ha espresso meravigliosamente sant'Ambrogio in una sua lettera: «Anche ora, mentre leggo le divine Scritture, Dio passeggia nel Paradiso» (*Ep.* 49, 3). Leggendo la Scrittura, noi possiamo anche oggi quasi vagare nel giardino del Paradiso e incontrare Dio che lì passeggia. «Spirito Santo» e «Parola di Dio» vanno insieme. Leggendo la Scrittura apprendiamo però anche che Cristo e lo Spirito Santo sono inseparabili tra loro. Se Paolo con sconcertante sintesi afferma: «Il Signore è lo Spirito» (2Cor 3,17), appare non solo, nello sfondo, l'unità trinitaria tra il Figlio e lo Spirito Santo, ma soprattutto la loro unità riguardo alla storia della salvezza: nella passione e risurrezione di Cristo vengono strappati i veli del senso meramente letterale e si rende visibile la presenza del Dio che sta parlando. Leggendo la Scrittura insieme con Cristo, impariamo a sentire nelle parole umane la voce dello Spirito Santo e scopriamo l'unità della Bibbia.

Con ciò siamo ormai giunti alla terza dimensione della pneumatologia che consiste, appunto, nella inseparabilità di Cristo e dello Spirito Santo. Nella maniera forse più bella essa si manifesta nel racconto di san Giovanni circa la prima apparizione del Risorto davanti ai discepoli: il Signore alita sui discepoli e dona loro in questo modo lo Spirito Santo. Lo Spirito Santo è il soffio di Cristo. E come il soffio di Dio nel mattino della creazione aveva trasformato la polvere del suolo nell'uomo vivente, così il soffio di Cristo ci accoglie nella comunione ontologica con il Figlio, ci rende nuova creazione. Per questo è lo Spirito Santo che ci fa dire insieme col Figlio: «Abba, Padre!» (cfr. Gv 20,22; Rm 8,15).

Così, come quarta dimensione, emerge spontaneamente la connessione tra Spirito e Chiesa. Paolo, in Prima Corinzi 12 e in Romani 12, ha illustrato la

Chiesa come Corpo di Cristo e proprio così come organismo dello Spirito Santo, in cui i doni dello Spirito Santo fondono i singoli in un tutt'uno vivente. Lo Spirito Santo è lo Spirito del Corpo di Cristo. Nell'insieme di questo Corpo troviamo il nostro compito, viviamo gli uni per gli altri e gli uni in dipendenza dagli altri, vivendo in profondità di Colui che ha vissuto e sofferto per tutti noi e che mediante il suo Spirito ci attrae a sé nell'unità di tutti i figli di Dio. «Vuoi anche tu vivere dello Spirito di Cristo? Allora sii nel Corpo di Cristo», dice Agostino a questo proposito (*Tr. in Io*, 26, 13).

Vieni, Santo Spirito

Nella celebrazione solenne della Pentecoste siamo invitati a professare la nostra fede nella presenza e nell'azione dello Spirito Santo e a invocarne l'effusione su di noi, sulla Chiesa e sul mondo intero. Facciamo nostra, dunque, e con particolare intensità, l'invocazione della Chiesa stessa: *Veni, Sancte Spiritus!* Un'invocazione tanto semplice e immediata, ma insieme straordinariamente profonda, sgorgata prima di tutto dal cuore di Cristo. Lo Spirito Santo, infatti, è il dono che Gesù ha chiesto e continuamente chiede al Padre per i suoi amici; il primo e principale dono che ci ha ottenuto con la sua risurrezione e ascensione al Cielo.

Di questa preghiera di Cristo ci parla il brano evangelico che ha come contesto l'Ultima Cena. Il Signore Gesù disse ai suoi discepoli: «Se mi amate, osserverete i miei comandamenti; e io pregherò il Padre ed egli vi darà un altro Paràclito perché rimanga con voi per sempre» (Gv 14,15-16). Qui ci viene svelato il cuore orante di Gesù, il suo cuore filiale e fraterno. Questa preghiera raggiunge il suo vertice e il suo compimento sulla croce, dove l'invocazione di Cristo fa tutt'uno con il dono totale che Egli fa di se stesso, e così il suo pregare diventa per così dire il sigillo stesso del suo donarsi in pienezza per amore del Padre e dell'umanità: invocazione e donazione dello Spirito s'incontrano, si compenetrano, diventano un'unica realtà. «E io pregherò il Padre ed egli vi darà un altro Paràclito perché rimanga con voi per sempre». In realtà, la preghiera di Gesù – quella dell'Ultima Cena e quella sulla croce – è una preghiera che permane anche in Cielo, dove Cristo siede alla destra del Padre. Gesù, infatti, vive sempre il suo sacerdozio d'intercessione a favore del popolo di Dio e dell'umanità e quindi prega per tutti noi chiedendo al Padre il dono dello Spirito Santo.

Il racconto della Pentecoste nel libro degli Atti degli Apostoli (cfr. At 2,1-11) presenta il «nuovo corso» dell'opera di Dio iniziato con la risurrezione di Cristo, opera che coinvolge l'uomo, la storia e il cosmo. Dal Figlio di Dio morto e risorto e ritornato al Padre spira ora sull'umanità, con inedita energia, il soffio divino, lo Spirito Santo. E cosa produce questa nuova e potente auto-comunicazione di Dio? Là dove ci sono lacerazioni ed estraneità, essa crea unità e comprensione. Si innesca un processo di riunificazione tra le parti della famiglia umana, divise e disperse; le persone, spesso ridotte a individui in competizione o in conflitto tra loro, raggiunte dallo Spirito di Cristo, si aprono all'esperienza della comunione, che può coinvolgerle a tal punto da fare di loro un nuovo organismo, un nuovo soggetto: la Chiesa. Questo è l'effetto dell'opera di Dio: l'unità; perciò l'unità è il segno di riconoscimento, il «biglietto da visita» della Chiesa nel corso della sua storia universale. Fin dall'inizio, dal giorno di Pentecoste, essa parla tutte le lingue. La Chiesa universale precede le Chiese particolari, e queste devono sempre conformarsi a quella, secondo un criterio di unità e universalità. La Chiesa non rimane mai prigioniera di confini politici, razziali e culturali; non si può confondere con gli Stati e neppure con le Federazioni di Stati, perché la sua unità è di genere diverso e aspira ad attraversare tutte le frontiere umane.

Da questo deriva un criterio pratico di discernimento per la vita cristiana: quando una persona, o una comunità, si chiude nel proprio modo di pensare e di agire, è segno che si è allontanata dallo Spirito Santo. Il cammino dei cristiani e delle Chiese particolari deve sempre confrontarsi con quello della Chiesa una e cattolica, e armonizzarsi con esso. Ciò non significa che l'unità creata dallo Spirito Santo sia una specie di egualitarismo. Al contrario, questo è piuttosto il modello di Babele, cioè l'imposizione di una cultura dell'unità che potremmo definire «tecnica». La Bibbia, infatti, ci dice (cfr. Gn 11,1-9) che a Babele tutti parlavano una sola lingua. A Pentecoste, invece, gli Apostoli parlano lingue diverse in modo che ciascuno comprenda il messaggio nel proprio idioma. L'unità dello Spirito si manifesta nella pluralità della comprensione. La Chiesa è per sua natura una e molteplice, destinata com'è a vivere presso tutte le nazioni, tutti i popoli, e nei più diversi contesti sociali. Essa risponde alla sua vocazione, di essere segno e strumento di unità di tutto il genere umano (cfr. *Lumen gentium*, 1), solo se rimane autonoma da ogni Stato e da ogni cultura particolare. Sempre e in ogni luogo la Chiesa dev'essere veramente, cattolica e universale, la casa di tutti in cui ciascuno si può ritrovare.

Lo Spirito Santo nella vita della Chiesa

La comunione ecclesiale è suscitata e sostenuta dallo Spirito Santo, custodita e promossa dal ministero apostolico. E questa comunione, che noi chiamiamo Chiesa, non si estende solo a tutti i credenti di un certo momento storico, ma abbraccia anche tutti i tempi e tutte le generazioni. Quindi abbiamo una duplice universalità: l'universalità sincronica – siamo uniti con i credenti in tutte le parti del mondo – e anche una universalità cosiddetta diacronica, cioè: tutti i tempi appartengono a noi, anche i credenti del passato e i credenti del futuro formano con noi un'unica grande comunione. Lo Spirito appare come il garante della presenza attiva del mistero nella storia, Colui che ne assicura la realizzazione nel corso dei secoli. Grazie al Paràclito l'esperienza del Risorto, fatta dalla comunità apostolica alle origini della Chiesa, potrà sempre essere vissuta dalle generazioni successive, in quanto trasmessa e attualizzata nella fede, nel culto e nella comunione del Popolo di Dio, pellegrino nel tempo. E così noi adesso, nel tempo pasquale, viviamo l'incontro con il Risorto, non solo come una cosa del passato, ma nella comunione presente della fede, della liturgia, della vita della Chiesa. In questa trasmissione dei beni della salvezza, che fa della comunità cristiana l'attualizzazione permanente, nella forza dello Spirito, della comunione originaria, consiste la Tradizione apostolica della Chiesa. Essa è detta così perché è nata dalla testimonianza degli Apostoli e della comunità dei discepoli al tempo delle origini, è stata consegnata sotto la guida dello Spirito Santo negli scritti del Nuovo Testamento e nella vita sacramentale, nella vita della fede, e ad essa – a questa Tradizione, che è tutta la realtà sempre attuale del dono di Gesù – la Chiesa continuamente si riferisce come al suo fondamento e alla sua norma attraverso la successione ininterrotta del ministero apostolico.

Gesù, ancora nella sua vita storica, limitava la sua missione alla casa d'Israele, ma faceva già capire che il dono era destinato non solo al popolo d'Israele, ma a tutto il mondo e a tutti i tempi. Il Risorto affida, poi, esplicitamente agli Apostoli (cfr. Lc 6,13) il compito di fare discepole tutte le nazioni, garantendo la sua presenza e il suo aiuto fino alla fine dei tempi (cfr. Mt 28,19s.). L'universalismo della salvezza richiede, peraltro, che il memoriale della Pasqua sia celebrato senza interruzione nella storia fino al ritorno glorioso del Cristo (cfr. 1Cor 11,26). Chi attualizzerà la presenza salvifica del Signore Gesù mediante il ministero degli Apostoli – capi dell'Israele escatologico (cfr. Mt 19,28) – e attraverso l'intera vita del popolo della nuova alleanza? La risposta è chiara: lo Spirito Santo. Gli Atti degli Apostoli – in continuità col disegno del Vangelo di Luca – presentano dal vivo la compenetrazione fra lo Spirito, gli inviati di Cristo e la comunità da essi radunata. Grazie all'azione del Paràclito gli Apostoli e i loro successori possono realizzare nel tempo la missione ricevuta dal Risorto: «Di questo voi siete testimoni. E io manderò su di voi quello che il Padre mio ha promesso...» (Lc 24,48s.). «Avrete forza dallo Spirito Santo che scenderà su di voi e mi sarete testimoni a Gerusalemme, in tutta la Giudea e la Samaria e fino agli estremi confini della terra» (At 1,8). E questa promessa, all'inizio incredibile, si è realizzata già nel tempo degli Apostoli: «Di questi fatti siamo testimoni noi e lo Spirito Santo, che Dio ha dato a coloro che si sottomettono a lui» (At 5,32).

È dunque lo Spirito stesso che, mediante l'imposizione delle mani e la preghiera degli Apostoli, consacra e invia i nuovi missionari del Vangelo (così, ad esempio, in At 13,3s. e 1Tm 4,14). È interessante osservare che, mentre in alcuni passi si dice che Paolo stabilisce i presbiteri nelle Chiese (cfr. At 14,23), altrove si afferma che è lo Spirito a costituire i pastori del gregge (cfr. At 20,28). L'azione dello Spirito e quella di Paolo risultano così profondamente compenetrate. Nell'ora delle decisioni solenni per la vita della Chiesa, lo Spirito è presente per guidarla. Questa presenza-guida dello Spirito Santo si sente particolarmente nel Concilio di Gerusalemme, nelle cui parole conclusive risuona l'affermazione: «Abbiamo deciso, lo Spirito Santo e noi...» (At 15,28); la Chiesa cresce e cammina «nel timore del Signore, colma del conforto dello Spirito Santo» (At 9,31). Questa permanente attualizzazione della presenza attiva di Gesù Signore nel suo popolo, operata dallo Spirito Santo ed espressa nella Chiesa attraverso il ministero apostolico e la comunione fraterna, è ciò che in senso teologico s'intende col termine Tradizione: essa non è la semplice trasmissione materiale di quanto fu donato all'inizio agli Apostoli, ma la presenza efficace del Signore Gesù, crocefisso e risorto, che accompagna e guida nello Spirito la comunità da lui radunata.

La Tradizione è la comunione dei fedeli intorno ai legittimi Pastori nel corso della storia, una comunione che lo Spirito Santo alimenta assicurando il collegamento fra l'esperienza della fede apostolica, vissuta nell'originaria comunità dei discepoli, e l'esperienza attuale del Cristo nella sua Chiesa. In altre parole, la Tradizione è la continuità organica della Chiesa, Tempio santo di Dio Padre, eretto sul fondamento degli Apostoli e tenuto insieme dalla pietra angolare, Cristo, mediante l'azione vivificante dello Spirito: «Così dunque voi non siete più stranieri né ospiti, ma siete concittadini dei santi e familiari di Dio, edificati sopra il fondamento degli apostoli e dei profeti, e avendo come pietra angolare lo stesso Cristo Gesù. In lui ogni costruzione cresce ben ordinata per essere tempio santo nel Signore; in lui anche voi insieme con gli altri venite edificati per diventare dimora di Dio per mezzo dello Spirito» (Ef 2,19-22). Grazie alla Tradizione, garantita dal ministero degli Apostoli e dei loro successori, l'acqua della vita scaturita dal costato di Cristo e il suo sangue salutare raggiungono le donne e gli uomini di tutti i tempi. Così, la Tradizione è la presenza permanente del Salvatore che viene a incontrarci, redimerci e santificarci nello Spirito mediante il ministero della sua Chiesa, a gloria del Padre.

Concludendo e riassumendo, possiamo dunque dire che la Tradizione non è trasmissione di cose o di parole, una collezione di cose morte. La Tradizione è il fiume vivo che ci collega alle origini, il fiume vivo nel quale sempre le origini sono presenti. Il grande fiume che ci conduce al porto dell'eternità. Ed essendo così, in questo fiume vivo si realizza sempre di nuovo la parola del Signore: «Ecco, io sono con voi tutti i giorni, fino alla fine del mondo» (Mt 28,20).

Il respiro della vita cristiana

L'attento ascolto della Parola di Dio a riguardo del mistero e dell'opera dello Spirito Santo ci apre a conoscenze grandi e stimolanti che riassumo nei punti seguenti.

Poco prima della sua ascensione, Gesù disse ai discepoli: «Manderò su di voi quello che il Padre mio ha promesso» (Lc 24,49). Ciò si realizzò nel giorno della Pentecoste, quando essi erano riuniti in preghiera nel Cenacolo con la Vergine Maria. L'effusione dello Spirito Santo sulla Chiesa nascente fu il compimento di una promessa di Dio assai più antica, annunciata e preparata in tutto l'Antico Testamento.

In effetti, fin dalle prime pagine la Bibbia evoca lo spirito di Dio come un *soffio* che «aleggiava sulle acque» (cfr. Gn 1,2) e precisa che Dio *soffiò* nelle narici dell'uomo un *alito* di vita (cfr. Gn 2,7), infondendogli così la vita stessa. Dopo il peccato originale, lo spirito vivificante di Dio si manifesterà diverse volte nella storia degli uomini, suscitando profeti per incitare il popolo eletto a tornare a Dio e ad osservarne fedelmente i comandamenti. Nella celebre visione del profeta Ezechiele, Dio fa rivivere con il suo spirito il popolo d'Israele, raffigurato da «ossa inaridite» (cfr. 37,1-14). Gioele profetizza un'«effusione dello spirito» su tutto il popolo, nessuno escluso: «Dopo questo – scrive l'Autore sacro –, io effonderò il mio spirito sopra ogni uomo... Anche sopra gli schiavi e sulle schiave, in quei giorni, effonderò il mio spirito» (3,1-2).

Nella «pienezza del tempo» (cfr. Gal 4,4), l'angelo del Signore annuncia alla Vergine di Nazaret che lo Spirito Santo, «potenza dell'Altissimo», scenderà e stenderà su di lei la sua ombra. Colui che ella partorirà sarà dunque santo e chiamato Figlio di Dio (cfr. Lc 1,35). Secondo l'espressione del profeta Isaia, il Messia sarà colui sul quale si poserà lo Spirito del Signore (cfr. 11,1-2; 42,1). Proprio questa profezia Gesù riprese all'inizio del suo ministero pubblico nella sinagoga di Nazaret: «Lo Spirito del Signore – Egli disse fra lo stupore dei presenti – è sopra di me; per questo mi ha consacrato con l'unzione, e mi ha mandato per annunziare ai poveri un lieto messaggio, per proclamare ai prigionieri la liberazione e ai ciechi la vista; per rimettere in libertà gli oppressi, e predicare un anno di grazia del Signore» (Lc 4,18-19; cfr. Is 61,1-2). Rivolgendosi ai presenti, riferirà a se stesso queste parole profetiche affermando: «Oggi si è adempiuta questa Scrittura che voi avete udita con i vostri orecchi» (Lc 4,21). Ed ancora, prima della sua morte in croce, annuncerà più volte ai discepoli la venuta dello Spirito Santo, il «Consolatore», la cui missione sarà quella di rendergli testimonianza e di assistere i credenti, insegnando loro e guidandoli alla Verità tutta intera (cfr. Gv 14,16-17.25-26; 15,26; 16,13).

La sera del giorno della sua risurrezione Gesù, apparendo ai discepoli, «alitò su di loro e disse: "Ricevete lo Spirito Santo"» (Gv 20,22). Con ancor più forza lo Spirito Santo scese sugli Apostoli il giorno della Pentecoste: «Venne all'improvviso dal cielo un rombo – si legge negli Atti degli Apostoli – come di vento che si abbatte gagliardo, e riempì tutta la casa dove si trovavano. Apparvero loro lingue come di fuoco che si dividevano e si posarono su ciascuno di loro» (2,2-3).

Lo Spirito Santo *rinnovò interiormente* gli Apostoli, rivestendoli di una forza che li rese *audaci nell'annunciare* senza paura: «Cristo è morto e risuscitato!». Liberi da ogni timore essi iniziarono a parlare con *franchezza* (cfr. At 2,29; 4,13; 4,29.31). Da pescatori intimoriti erano diventati araldi coraggiosi del Vangelo. Persino i loro nemici non riuscivano a capire come mai uomini «senza istruzione e popolani» (cfr. At 4,13) fossero in grado di mostrare un simile coraggio e sopportare le contrarietà, le sofferenze e le persecuzioni con gioia. Niente poteva fermarli. A coloro che cercavano di ridurli al silenzio rispondevano: «Noi non possiamo tacere quello che abbiamo visto e ascoltato» (At 4,20). Così nacque la Chiesa, che dal giorno della Pentecoste non ha cessato di irradiare la Buona Novella «fino agli estremi confini della terra» (At 1,8).

Ma per comprendere la missione della Chiesa dobbiamo tornare nel Cenacolo dove i discepoli restarono insieme (cfr. Lc 24,49), pregando con Maria, la «Madre», in attesa dello Spirito promesso. A quest'icona della Chiesa nascente ogni comunità cristiana deve costantemente ispirarsi. La fecondità apostolica e missionaria non è principalmente il risultato di programmi e metodi pastorali sapientemente elaborati ed «efficienti», ma è frutto dell'incessante preghiera comunitaria (cfr. Paolo VI, Esort. apost. *Evangelii nuntiandi*, 75). L'efficacia della missione presuppone, inoltre, che le comunità siano unite, abbiano cioè «un cuore solo e un'anima sola» (cfr. At 4,32), e siano disposte a testimoniare l'amore e la gioia che lo Spirito Santo infonde nei cuori dei fedeli (cfr. At 2,42). Il Servo di Dio Giovanni Paolo II ebbe a scrivere che prima di essere azione, la missione della Chiesa è testimonianza e irradiazione (cfr. Enc. *Redemptoris missio*, 26). Così avveniva all'inizio del cristianesimo, quando i pagani, scrive Tertulliano, si convertivano vedendo l'amore che regnava tra i cristiani: «Vedi – dicono – come si amano tra loro» (cfr. *Apologetico*, 39 § 7).

Concludendo questo rapido sguardo alla Parola di Dio nella Bibbia, vi invito a notare come lo Spirito Santo sia il dono più alto di Dio all'uomo, quindi la testimonianza suprema del suo amore per noi, un amore che si esprime concretamente come «sì alla vita» che Dio vuole per ogni sua creatura. Questo «sì alla vita» ha la sua forma piena in Gesù di Nazaret e nella sua vittoria sul male mediante la redenzione. A questo proposito non dimentichiamo mai che l'Evangelo di Gesù, proprio in forza dello Spirito, non si riduce a una pura constatazione, ma vuole diventare «bella notizia per i poveri, liberazione per i prigionieri, vista ai ciechi...». È quanto si manifestò con vigore il giorno di Pentecoste, diventando grazia e compito della Chiesa verso il mondo, la sua missione prioritaria.

Noi siamo i frutti di questa missione della Chiesa per opera dello Spirito Santo. Noi portiamo dentro di noi quel sigillo dell'amore del Padre in Gesù Cristo che è lo Spirito Santo. Non dimentichiamolo mai, perché lo Spirito del Signore si ricorda sempre di ciascuno e vuole, mediante ognuno di noi, suscitare nel mondo il vento e il fuoco di una nuova Pentecoste.

IV

LA CHIESA

Costituita sul fondamento degli Apostoli

La Chiesa è stata costituita sul fondamento degli Apostoli come comunità di fede, di speranza e di carità. Attraverso gli Apostoli, risaliamo a Gesù stesso. La Chiesa cominciò a costituirsi quando alcuni pescatori di Galilea incontrarono Gesù, si lasciarono conquistare dal suo sguardo, dalla sua voce, dal suo invito caldo e forte: «Seguitemi, vi farò pescatori di uomini!» (Mc 1,17; Mt 4,19). Il mio amato Predecessore, Giovanni Paolo II, ha proposto alla Chiesa, all'inizio del terzo millennio, di contemplare il volto di Cristo (cfr. *Novo millennio ineunte*, 16ss.). Muovendomi nella stessa direzione, vorrei mostrare come proprio la luce di quel Volto si rifletta sul volto della Chiesa (cfr. *Lumen gentium*, 1), nonostante i limiti e le ombre della nostra umanità fragile e peccatrice. Dopo Maria, riflesso puro della luce di Cristo, sono gli Apostoli, con la loro parola e la loro testimonianza, a consegnarci la verità di Cristo. La loro missione non è tuttavia isolata, ma si colloca dentro un mistero di comunione, che coinvolge l'intero Popolo di Dio e si realizza a tappe, dall'antica alla nuova Alleanza.

Va detto in proposito che si fraintende del tutto il messaggio di Gesù se lo si separa dal contesto della fede e della speranza del popolo eletto: come il Battista, suo immediato precursore, Gesù si rivolge anzitutto a Israele (cfr. Mt 15,24), per farne la «raccolta» nel tempo escatologico giunto con lui. E come quella di Giovanni, così la predicazione di Gesù è al tempo stesso chiamata di grazia e segno di contraddizione e di giudizio per l'intero popolo di Dio. Pertanto, sin dal primo momento della sua attività salvifica Gesù di Nazaret tende a radunare il Popolo di Dio. Anche se la sua predicazione è sempre un appello alla conversione personale, egli in realtà mira continuamente alla costituzione del Popolo di Dio che è venuto a radunare, a purificare e a salvare. Risulta perciò unilaterale e priva di fondamento l'interpretazione individualistica, proposta dalla teologia liberale, dell'annuncio che Cristo fa del Regno. Essa è così riassunta nell'anno 1900 dal grande teologo liberale Adolf von Harnack nelle sue lezioni su *L'essenza del cristianesimo*: «Il regno di Dio viene, in quanto viene in *singoli* uomini, trova accesso alla loro anima ed essi lo accolgono. Il regno di Dio è la *signoria* di Dio, certo, ma è la signoria del Dio santo nei singoli cuori» (Lezione Terza, 100s.). In realtà, questo individualismo della teologia liberale è un'accentuazione tipicamente moderna: nella prospettiva della tradizione biblica e nell'orizzonte dell'ebraismo, in cui l'opera di Gesù si colloca pur con tutta la sua novità, risulta chiaro che tutta la missione del Figlio fatto carne ha una finalità comunitaria: Egli è venuto proprio per unire l'umanità dispersa, è venuto proprio per raccogliere, per unire il popolo di Dio.

Un segno evidente dell'intenzione del Nazareno di radunare la comunità dell'alleanza, per manifestare in essa il compimento delle promesse fatte ai Padri, che parlano sempre di convocazione, di unificazione, di unità, è *l'istituzione dei Dodici*. Leggiamo nel Vangelo: «Salì poi sul monte, chiamò a sé quelli che egli volle ed essi andarono da lui. Ne costituì Dodici che stessero con lui e anche per mandarli a predicare e perché avessero il potere di scacciare i demòni. Costituì dunque i Dodici...» (Mc 3,13-16; cfr. Mt 10,1-4; Lc 6,12-16). Nel luogo della rivelazione, «il monte», Gesù, con iniziativa che manifesta assoluta consapevolezza e determinazione, costituisce i Dodici perché siano con lui testimoni e annunciatori dell'avvento del Regno di Dio. Sulla storicità di questa chiamata non ci sono dubbi, non solo in ragione dell'antichità e della molteplicità delle attestazioni, ma anche per il semplice motivo che vi compare il nome di Giuda, l'apostolo traditore, nonostante le difficoltà che questa presenza poteva comportare per la comunità nascente. Il numero Dodici, che richiama evidentemente le dodici tribù d'Israele, rivela già il significato di azione profetico-simbolica implicito nella nuova iniziativa di rifondare il popolo santo. Tramontato da tempo il sistema delle dodici tribù, la speranza d'Israele ne attendeva la ricostituzione come segno dell'avvento del tempo escatologico (si pensi alla conclusione del libro di Ezechiele: 37,15-19; 39,23-29; 40-48). Scegliendo i Dodici, introducendoli a una comunione di vita con sé e rendendoli partecipi della sua missione di annuncio del Regno in parole e opere (cfr. Mc 6,7-13; Mt 10,5-8; Lc 9,1-6; Lc 6,13), Gesù vuol dire che è arrivato il tempo definitivo in cui si costituisce di nuovo il popolo di Dio, il popolo delle dodici tribù, che diventa adesso un popolo universale, la sua Chiesa.

Con la loro stessa esistenza i Dodici – chiamati da provenienze diverse – diventano un appello a tutto Israele perché si converta e si lasci raccogliere nell'alleanza nuova, pieno e perfetto compimento di quella antica. L'aver affidato ad essi nella Cena, prima della sua Passione, il compito di celebrare il suo memoriale, mostra come Gesù volesse trasferire all'intera comunità nella persona dei suoi capi il mandato di essere, nella storia, segno e strumento del raduno escatologico, in lui iniziato. In un certo senso possiamo dire che proprio l'Ultima Cena è l'atto della fondazione della Chiesa, perché Egli dà se stesso e crea così una nuova comunità, una comunità unita nella comunione con Lui stesso. In questa luce, si comprende come il Risorto conferisca loro – con l'effusione dello Spirito – il potere di rimettere i peccati (cfr. Gv 20,23). I dodici Apostoli sono così il segno più evidente della volontà di Gesù riguardo all'esistenza e alla missione della sua Chiesa, la garanzia che fra Cristo e la Chiesa non c'è alcuna contrapposizione: sono inseparabili, nonostante i peccati degli uomini che compongono la Chiesa. È pertanto del tutto inconciliabile con l'intenzione di Cristo uno slogan di moda alcuni anni fa: «Gesù sì, Chiesa no». Questo Gesù individualistico scelto è un Gesù di fantasia. Non possiamo avere Gesù senza la realtà che Egli ha creato e nella quale si comunica. Tra il Figlio di Dio fatto carne e la sua Chiesa v'è una profonda, inscindibile e misteriosa continuità, in forza della quale Cristo è presente oggi nel suo popolo. È sempre contemporaneo a noi, è sempre contemporaneo nella

Chiesa costruita sul fondamento degli Apostoli, è vivo nella successione degli Apostoli. E questa sua presenza nella comunità, nella quale Egli stesso si dà sempre a noi, è motivo della nostra gioia. Sì, Cristo è con noi, il Regno di Dio viene.

Una, santa, cattolica e apostolica

La festa dei santi Apostoli Pietro e Paolo è insieme una grata memoria dei grandi testimoni di Gesù Cristo e una solenne confessione in favore della Chiesa *una, santa, cattolica e apostolica*. È anzitutto una festa della *cattolicità*. Il segno della Pentecoste – la nuova comunità che parla in tutte le lingue e unisce tutti i popoli in un unico popolo, in una famiglia di Dio – è diventato realtà. [...] Con ciò è portata a compimento la missione di san Paolo, che sapeva di «essere liturgo di Gesù Cristo tra i pagani... oblazione gradita, santificata dallo Spirito Santo» (Rm 15,16). Lo scopo della missione è un'umanità divenuta essa stessa una glorificazione vivente di Dio, il culto vero che Dio s'aspetta: è questo il senso più profondo di *cattolicità* – una *cattolicità* che già ci è stata donata e verso la quale tuttavia dobbiamo sempre di nuovo incamminarci. *Cattolicità* non esprime solo una dimensione orizzontale, il raduno di molte persone nell'unità; esprime anche una dimensione verticale: solo rivolgendo lo sguardo a Dio, solo aprendoci a Lui noi possiamo diventare veramente una cosa sola. Come Paolo, così anche Pietro venne a Roma, nella città che era il luogo di convergenza di tutti i popoli e che proprio per questo poteva diventare prima di ogni altra espressione dell'universalità del Vangelo. Intraprendendo il viaggio da Gerusalemme a Roma, egli sicuramente si sapeva guidato dalle voci dei profeti, dalla fede e dalla preghiera d'Israele. Fa parte infatti anche dell'annuncio dell'Antica Alleanza la missione verso tutto il mondo: il popolo di Israele era destinato ad essere luce per le genti. Il grande salmo della Passione, il Salmo 21, il cui primo versetto «Dio mio, Dio mio, perché mi hai abbandonato?» Gesù ha pronunciato sulla croce, terminava con la visione: «Torneranno al Signore tutti i confini della terra, si prostreranno davanti a Lui tutte le famiglie dei popoli» (Sal 21,28). Quando Pietro e Paolo vennero a Roma, il Signore, che aveva iniziato quel salmo sulla croce, era risuscitato; questa vittoria di Dio doveva ora essere annunciata a tutti i popoli, compiendo così la promessa con la quale il salmo si concludeva.

Cattolicità significa *universalità* – molteplicità che diventa unità; unità che rimane tuttavia molteplicità.

Dalla parola di Paolo sulla *universalità* della Chiesa abbiamo già visto che fa parte di questa *unità* la capacità dei popoli di superare se stessi, per guardare verso l'unico Dio. Il vero fondatore della teologia cattolica, sant'Ireneo di Lione, ha espresso questo legame tra cattolicità e unità in modo molto bello: «Questa dottrina e questa fede la Chiesa disseminata in tutto il mondo custodisce diligentemente formando quasi un'unica famiglia: la stessa fede con una sola anima e un solo cuore, la stessa predicazione, insegnamento, tradizione come avesse una sola bocca. Diverse sono le lingue secondo le regioni, ma unica e medesima è la forza della tradizione. Le Chiese di Germania non hanno una fede o tradizione diversa, come neppure quelle di Spagna, di Gallia, di Egitto, di Libia, dell'Oriente, del centro della terra; come il sole creatura di Dio è uno solo e identico in tutto il mondo, così la luce della vera predicazione splende dovunque e illumina tutti gli uomini che vogliono venire alla cognizione della verità» (*Adv. haer.* I 10,2). L'*unità* degli uomini nella loro molteplicità è diventata possibile perché Dio, questo unico Dio del cielo e della terra, si è mostrato a noi; perché la verità essenziale sulla nostra vita, sul nostro «di dove?» e «verso dove?», è diventata visibile quando Egli si è mostrato a noi e in Gesù Cristo ci ha fatto vedere il suo volto, se stesso. Questa verità sull'essenza del nostro essere, sul nostro vivere e sul nostro morire, verità che da Dio si è resa visibile, ci unisce e ci fa diventare fratelli. *Cattolicità* e *unità* vanno insieme. E l'*unità* ha un contenuto: la fede che gli Apostoli ci hanno trasmesso da parte di Cristo. [...]

Abbiamo detto che *cattolicità* della Chiesa e *unità* della Chiesa vanno insieme. Il fatto che entrambe le dimensioni si rendano visibili a noi nelle figure dei santi Apostoli, ci indica già la caratteristica successiva della Chiesa: essa è *apostolica*. Che cosa significa? Il Signore ha istituito dodici Apostoli, così come dodici erano i figli di Giacobbe, indicandoli con ciò come capostipiti del popolo di Dio che, diventato ormai universale, da allora in poi comprende tutti i popoli. San Marco ci dice che Gesù chiamò gli Apostoli perché «stessero con lui e anche per mandarli» (Mc 3,14). Sembra quasi una contraddizione. Noi diremmo: o stanno con lui o sono mandati e si mettono in cammino. C'è una parola sugli angeli del santo Papa Gregorio Magno che ci aiuta a sciogliere la contraddizione. Egli dice che gli angeli sono sempre mandati e allo stesso tempo sempre davanti a Dio: «Ovunque sono mandati, ovunque vanno, camminano sempre nel seno di Dio» (*Omelia* 34,13). L'Apocalisse ha qualificato i Vescovi come «angeli» della loro Chiesa, e possiamo quindi fare questa applicazione: gli Apostoli e i loro successori dovrebbero stare sempre con il loro Signore e proprio così – ovunque vadano – essere sempre in comunione con Lui e vivere di questa comunione.

La Chiesa è *apostolica*, perché confessa la fede degli Apostoli e cerca di viverla. Vi è una unicità che caratterizza i Dodici chiamati dal Signore, ma esiste allo stesso tempo una continuità nella missione apostolica. San Pietro nella sua prima lettera si è qualificato come «co-presbitero» con i presbiteri ai quali scrive (5,1). E con ciò ha espresso il principio della successione apostolica: lo stesso ministero che egli aveva ricevuto dal Signore ora continua nella Chiesa grazie all'ordinazione sacerdotale. La Parola di Dio non è soltanto scritta ma, grazie ai testimoni che il Signore nel sacramento ha inserito nel ministero apostolico, resta parola vivente. [...] Con *l'unità*, così come con *l'apostolicità*, è collegato il servizio petrino, che riunisce visibilmente la Chiesa di tutte le parti e di tutti i tempi, difendendo in tal modo ciascuno di noi dallo scivolare in false autonomie, che troppo facilmente si trasformano in interne particolarizzazioni della Chiesa e possono compromettere così la sua indipendenza interna. Con questo non vogliamo dimenticare che il senso di tutte le funzioni e ministeri è in fondo che «arriviamo tutti all'unità della fede e della conoscenza del Figlio di Dio, allo stato di uomo perfetto, nella misura che conviene alla piena maturità di Cristo», perché cresca il corpo di Cristo «in modo da edificare se stesso nella carità» (Ef 4,13.16). [...]

Il Vangelo ci parla della confessione di san Pietro da cui ha avuto inizio la Chiesa: «Tu sei il Cristo, il Figlio del Dio vivente» (Mt 16,16). Avendo parlato della Chiesa *una, cattolica* e *apostolica*, ma non ancora della Chiesa *santa*, vogliamo ricordare in questo momento un'altra confessione di Pietro pronunciata nel nome dei Dodici nell'ora del grande abbandono: «Noi abbiamo creduto e conosciuto che tu sei il Santo di Dio» (Gv 6,69). Che cosa significa? Gesù, nella grande preghiera sacerdotale, dice di santificarsi per i discepoli, alludendo al sacrificio della sua morte (Gv 17,19). Con questo Gesù esprime implicitamente la sua funzione di vero Sommo Sacerdote che realizza il mistero del «Giorno della Riconciliazione», non più soltanto nei riti sostitutivi, ma nella concretezza del proprio corpo e sangue. La parola «il Santo di Dio» nell'Antico Testamento indicava Aronne come Sommo Sacerdote che aveva il compito di compiere la santificazione d'Israele (Sal 105,16; cfr. Sir 45,6). La confessione di Pietro in favore di Cristo, che egli dichiara il Santo di Dio, sta nel contesto del discorso eucaristico, nel quale Gesù annuncia il grande Giorno della Riconciliazione mediante l'offerta di se stesso in sacrificio: «Il pane che io darò è la mia carne per la vita del mondo» (Gv 6,51). Così, sullo sfondo di questa confessione, sta il mistero sacerdotale di Gesù, il suo sacrificio per tutti noi. La Chiesa non è *santa* da se stessa; consiste infatti di peccatori – lo sappiamo e lo vediamo tutti. Piuttosto, essa viene sempre di nuovo santificata dall'amore purificatore di Cristo. Dio non solo ha parlato: ci ha amato molto realisticamente, amato fino alla morte del proprio Figlio. È proprio da qui che ci si mostra tutta la grandezza della rivelazione che ha come iscritto nel cuore di Dio stesso le ferite. Allora ciascuno di noi può dire personalmente con san Paolo: «Io vivo nella fede del Figlio di Dio che mi ha amato e ha dato se stesso per me» (Gal 2,20).

La comunità dell'Eucaristia

Attraverso il Sacramento eucaristico Gesù coinvolge i fedeli nella sua stessa «ora»; in tal modo Egli ci mostra il legame che ha voluto tra sé e noi, tra la sua persona e la Chiesa. Infatti, Cristo stesso nel sacrificio della croce ha generato la Chiesa come sua sposa e suo corpo. I Padri della Chiesa hanno lungamente meditato sulla relazione tra l'origine di Eva dal fianco di Adamo dormiente (cfr. Gn 2,21-23) e della nuova Eva, la Chiesa, dal fianco aperto di Cristo, immerso nel sonno della morte: dal costato trafitto, racconta Giovanni, uscì sangue e acqua (cfr. Gv 19,34), simbolo dei sacramenti[1]. Uno sguardo contemplativo «a colui che hanno trafitto» (Gv 19,37) ci porta a considerare il legame causale tra il sacrificio di Cristo, l'Eucaristia e la Chiesa. La Chiesa, in effetti, «vive dell'Eucaristia»[2]. Poiché in essa si rende presente il sacrificio redentore di Cristo, si deve innanzitutto riconoscere che «c'è un influsso causale dell'Eucaristia alle origini stesse della Chiesa»[3]. L'Eucaristia è Cristo che si dona a noi, edificandoci continuamente come suo corpo. Pertanto, nella suggestiva circolarità tra Eucaristia che edifica la Chiesa e Chiesa stessa che fa l'Eucaristia[4], la causalità primaria è quella espressa nella prima formula: la Chiesa può celebrare e adorare il mistero di Cristo presente nell'Eucaristia proprio perché Cristo stesso si è donato per primo ad essa nel sacrificio della

[1] Cfr. *Lumen gentium*, 3; ad esempio, si veda San Giovanni Crisostomo, *Catechesi* 3,13-19: SC 50,174-177.

[2] Giovanni Paolo II, Lett. enc. *Ecclesia de Eucharistia* (17 aprile 2003), 1: *AAS* 95 (2003), 433.

[3] *Ibidem*, 21: *AAS* 95 (2003), 447.

[4] Cfr. Giovanni Paolo II, Lett. enc. *Redemptor hominis* (4 marzo 1979), 20: *AAS* 71 (1979), 309-310; Lett. ap. *Dominicae Cenae* (24 febbraio 1980), 4: *AAS* 72 (1980), 119-121.

Croce. La possibilità per la Chiesa di «fare» l'Eucaristia è tutta radicata nella donazione che Cristo le ha fatto di se stesso. Anche qui scopriamo un aspetto convincente della formula di san Giovanni: «Egli ci ha amati per primo» (1Gv 4,19). Così anche noi in ogni celebrazione confessiamo il primato del dono di Cristo. L'influsso causale dell'Eucaristia all'origine della Chiesa rivela in definitiva la precedenza non solo cronologica ma anche ontologica del suo averci amati «per primo». Egli è per l'eternità colui che ci ama per primo.

L'Eucaristia, dunque, è costitutiva dell'essere e dell'agire della Chiesa. Per questo l'antichità cristiana designava con le stesse parole *Corpus Christi* il Corpo nato dalla Vergine Maria, il Corpo eucaristico e il Corpo ecclesiale di Cristo[5]. Questo dato ben presente nella Tradizione ci aiuta ad accrescere in noi la consapevolezza dell'inseparabilità tra Cristo e la Chiesa. Il Signore Gesù, offrendo se stesso in sacrificio per noi, ha efficacemente preannunciato nel suo dono il mistero della Chiesa. È significativo che la seconda preghiera eucaristica, invocando il Paràclito, formuli in questo modo la preghiera per l'unità della Chiesa: «*Per la comunione al corpo e al sangue di Cristo lo Spirito Santo*

[5] Cfr. *Propositio* 5.

ci riunisca in un solo corpo». Questo passaggio fa ben comprendere come la *res* del Sacramento eucaristico sia l'unità dei fedeli nella comunione ecclesiale. L'Eucaristia si mostra così alla radice della Chiesa come mistero di comunione[6].

La missione della Chiesa

San Giovanni sottolinea con forza il paradosso fondamentale della fede cristiana: da una parte, egli afferma che «Dio, nessuno lo ha mai visto» (Gv 1,18; cfr. 1Gv 4,12). In nessun modo le nostre immagini, concetti o parole possono definire o misurare la realtà infinita dell'Altissimo. Egli rimane il *Deus semper maior*. Dall'altra parte, egli afferma che il Verbo realmente «si fece carne» (Gv 1,14). Il Figlio unigenito, che è rivolto verso il seno del Padre, ha rivelato il Dio che «nessuno ha mai visto» (Gv 1,18). Gesù Cristo viene a noi, «pieno di grazia e verità» (Gv 1,14), che per mezzo di Lui sono donate a noi (cfr. Gv 1,17); infatti, «dalla sua pienezza noi tutti abbiamo ricevuto: grazia su grazia» (Gv 1,16). In tal modo l'evangelista Giovanni nel Prologo contem-

[6] San Tommaso d'Aquino, *Summa Theologiae*, III, q. 80, a. 4.

pla il Verbo dal suo stare presso Dio al suo farsi carne, fino al suo ritornare nel seno del Padre portando con sé la nostra stessa umanità, che egli ha assunto per sempre. In questo suo uscire dal Padre e tornare a Lui (cfr. Gv 13,3; 16,28; 17,8.10) Egli si presenta a noi come il «Narratore» di Dio (cfr. Gv 1,18).

Il Figlio, infatti, afferma sant'Ireneo di Lione, «è il Rivelatore del Padre»[7]. Gesù di Nazaret è, per così dire, l'«esegeta» di Dio che «nessuno ha mai visto». «Egli è immagine del Dio invisibile» (Col 1,15). Si compie qui la profezia di Isaia riguardo all'efficacia della Parola del Signore: come la pioggia e la neve scendono dal cielo per irrigare e far germogliare la terra, così la Parola di Dio «non ritornerà a me senza effetto, senza aver operato ciò che desidero e senza aver compiuto ciò per cui l'ho mandata» (Is 55,10s.). Gesù Cristo è questa Parola definitiva ed efficace che è uscita dal Padre ed è ritornata a Lui, realizzando perfettamente nel mondo la sua volontà.

Il Verbo di Dio ci ha comunicato la vita divina che trasfigura la faccia della terra, facendo nuove tutte le cose (cfr. Ap 21,5). La sua Parola ci coinvolge non soltanto come *destinatari* della Rivelazione divina, ma anche come suoi *annunciatori*. Egli, l'inviato dal Padre a com-

[7] *Adversus haereses*, IV, 20, 7: PG 7, 1037.

piere la sua volontà (cfr. Gv 5,36-38; 6,38-40; 7,16-18), ci attira a sé e ci coinvolge nella sua vita e missione. Lo Spirito del Risorto abilita così la nostra vita all'annuncio efficace della Parola in tutto il mondo. È l'esperienza della prima comunità cristiana, che vedeva il diffondersi della Parola mediante la predicazione e la testimonianza (cfr. At 6,7). Vorrei qui riferirmi in particolare alla vita dell'apostolo Paolo, un uomo afferrato completamente dal Signore (cfr. Fil 3,12) – «non vivo più io, ma Cristo vive in me» (Gal 2,20) – e dalla sua missione: «guai a me se non annuncio il Vangelo!» (1Cor 9,16), consapevole che quanto è rivelato in Cristo è realmente la salvezza di tutte le genti, la liberazione dalla schiavitù del peccato per entrare nella libertà dei figli di Dio.

In effetti, ciò che la Chiesa annuncia al mondo è il *Logos della Speranza* (cfr. 1Pt 3,15); l'uomo ha bisogno della «grande Speranza» per poter vivere il proprio presente, la grande speranza che è «quel Dio che possiede un volto umano e che ci "ha amati sino alla fine" (Gv 13,1)» (*Spe salvi*, 31). Per questo la Chiesa è missionaria nella sua essenza. Non possiamo tenere per noi le parole di vita eterna che ci sono date nell'incontro con Gesù Cristo: esse sono per tutti, per ogni uomo. Ogni persona del nostro tempo, lo sappia oppure no, ha bisogno di questo annuncio. Il Signore stesso, come ai tempi del profeta Amos, susciti tra gli uomini nuova fame e nuova sete delle parole del Signore (cfr. Am 8,11). A noi la responsabilità di trasmettere quello che a nostra volta, per grazia, abbiamo ricevuto.

Il Sinodo dei Vescovi sulla Parola di Dio ha ribadito con forza la necessità di rinvigorire nella Chiesa la coscienza missionaria, presente nel Popolo di Dio fin dalla sua origine. I primi cristiani hanno considerato il loro annuncio missionario come una necessità derivante dalla natura stessa della fede: il Dio nel quale credevano era il Dio di tutti, il Dio uno e vero che si era mostrato nella storia d'Israele e infine nel suo Figlio, dando con ciò la risposta che tutti gli uomini, nel loro intimo, attendono. Le prime comunità cristiane hanno sentito che la loro fede non apparteneva a una consuetudine culturale particolare, che è diversa a seconda dei popoli, ma all'ambito della verità, che riguarda ugualmente tutti gli uomini.

È ancora san Paolo che con la sua vita ci illustra il senso della missione cristiana e la sua originaria universalità. Pensiamo all'episodio narrato dagli Atti degli Apostoli circa l'Areòpago di Atene (cfr. 17,16-34). L'Apostolo delle genti entra in dialogo con uomini di culture diverse, nella consapevolezza che il mistero di Dio, Noto-Ignoto, di cui ogni uomo ha una percezione per quanto confusa, si è realmente rivelato nella storia: «Colui che, senza conoscerlo, voi adorate, io ve lo annuncio» (At 17,23). Infatti, la novità dell'annuncio cristiano è la possibilità di dire a tutti i popoli: «Egli si è mostrato. Egli personalmente. E adesso è aperta la via verso di Lui. La novità dell'annuncio cristiano non consiste in un pensiero ma in un fatto: Egli si è rivelato»[8].

Pertanto, la missione della Chiesa non può essere considerata come realtà facoltativa o aggiuntiva della vita ecclesiale. Si tratta di lasciare che lo Spirito Santo ci assimili a Cristo stesso, partecipando così alla sua stessa missione: «Come il Padre ha mandato me, anch'io mando voi» (Gv 20,21), in modo da comunicare la Parola con tutta la vita. È la Parola stessa che ci spinge verso i fratelli: è la Parola che illumina, purifica, converte; noi non siamo che servitori.

È necessario, dunque, riscoprire sempre più l'urgenza e la bellezza di annunciare la Parola, per l'avvento del Regno di Dio, predicato da Cristo stesso. In questo senso, rinnoviamo la consapevolezza, così familiare ai Padri della Chiesa, che l'annuncio della Parola ha come contenuto il Regno di Dio (cfr. Mc 1,14-15), il quale *è la stessa persona di Gesù* (*l'Autobasileia*), come ricorda suggesti-

[8] Benedetto XVI, *Discorso agli uomini di cultura al «Collège des Bernardins» di Parigi* (12 settembre 2008): *AAS* 100 (2008), 730.

vamente Origene[9]. Il Signore offre la salvezza agli uomini di ogni epoca. Avvertiamo tutti quanto sia necessario che la luce di Cristo illumini ogni ambito dell'umanità: la famiglia, la scuola, la cultura, il lavoro, il tempo libero e gli altri settori della vita sociale[10]. Non si tratta di annunciare una parola consolatoria, ma dirompente, che chiama a conversione, che rende accessibile l'incontro con Lui, attraverso il quale fiorisce un'umanità nuova.

Poiché tutto il Popolo di Dio è un popolo «inviato», il Sinodo ha ribadito che «la missione di annunciare la Parola di Dio è compito di tutti i discepoli di Gesù Cristo come conseguenza del loro battesimo»[11]. Nessun credente in Cristo può sentirsi estraneo a questa responsabilità che proviene dall'appartenere sacramentalmente al Corpo di Cristo. Questa consapevolezza deve essere ridestata in ogni famiglia, parrocchia, comunità, associazione e movimento ecclesiale. La Chiesa, come mistero di comunione, è dunque tutta missionaria e ciascuno, nel suo proprio stato di vita, è chiamato a dare un contributo incisivo all'annuncio cristiano.

Vescovi e sacerdoti secondo la missione loro propria

[9] Cfr. *In Evangelium secundum Matthaeum* 17, 7: PG 13, 1197 B; San Girolamo, *Translatio homiliarum Origenis in Lucam*, 36: PL 26, 324-325.

[10] Cfr. Benedetto XVI, *Omelia per l'apertura della XII Assemblea Generale Ordinaria del Sinodo dei Vescovi* (5 ottobre 2008): *AAS* 100 (2008), 757.

[11] *Propositio* 38.

sono chiamati per primi a una esistenza afferrata dal servizio della Parola, ad annunciare il Vangelo, a celebrare i Sacramenti e a formare i fedeli alla conoscenza autentica delle Scritture. Anche i *diaconi* si sentano chiamati a collaborare, secondo la missione loro propria, a questo impegno di evangelizzazione.

La vita consacrata risplende in tutta la storia della Chiesa per la capacità di assumersi esplicitamente il compito dell'annuncio e della predicazione della Parola di Dio, nella *missio ad gentes* e nelle situazioni più difficili, con disponibilità anche alle nuove condizioni di evangelizzazione, intraprendendo con coraggio e audacia nuovi percorsi e nuove sfide per l'annuncio efficace della Parola di Dio[12].

I laici sono chiamati a esercitare il loro compito profetico, che deriva direttamente dal battesimo, e testimoniare il Vangelo nella vita quotidiana dovunque si trovino. A questo proposito i Padri sinodali hanno espresso «la più viva stima e gratitudine nonché l'incoraggiamento per il servizio all'evangelizzazione che tanti laici, e in particolare le donne, offrono con generosità e impegno nelle comunità sparse per il mondo, sull'esempio di Maria di Magdala,

[12] Cfr. Congregazione per gli Istituti di Vita Consacrata e le Società di Vita Apostolica, Istruzione *Ripartire da Cristo: un rinnovato impegno della Vita consacrata nel terzo millennio* (19 maggio 2002), 36: *Ench. Vat.* 21, nn. 488-491.

prima testimone della gioia pasquale»[13]. Il Sinodo riconosce, inoltre, con gratitudine che i movimenti ecclesiali e le nuove comunità sono, nella Chiesa, una grande forza per l'evangelizzazione in questo tempo, spingendo a sviluppare nuove forme d'annuncio del Vangelo[14].

Nell'esortare tutti i fedeli all'annuncio della divina Parola, i Padri sinodali hanno ribadito la necessità anche per il nostro tempo di un impegno deciso nella *missio ad gentes*. In nessun modo la Chiesa può limitarsi a una pastorale di «mantenimento», per coloro che già conoscono il Vangelo di Cristo. Lo slancio missionario è un segno chiaro della maturità di una comunità ecclesiale. Inoltre, i Padri hanno espresso con forza la consapevolezza che la Parola di Dio è la verità salvifica di cui ogni uomo in ogni tempo ha bisogno. Per questo, l'annuncio deve essere esplicito. La Chiesa deve andare verso tutti con la forza dello Spirito (cfr. 1Cor 2,5) e continuare profeticamente a difendere il diritto e la libertà delle persone di ascoltare la Parola di Dio, cercando i mezzi più efficaci per proclamarla, anche a rischio della persecuzione[15]. A tutti la Chiesa si sente debitrice di annunciare la Parola che salva (cfr. Rm 1,14).

[13] *Propositio* 30.
[14] Cfr. *Propositio* 38.
[15] Cfr. *Propositio* 49.

V

LA VERGINE MARIA

Piena di grazia

Nell'Incarnazione del Figlio di Dio, noi riconosciamo gli inizi della Chiesa. Da lì tutto proviene. Ogni realizzazione storica della Chiesa e anche ogni sua istituzione deve rifarsi a quella originaria Sorgente. Deve rifarsi a Cristo, Verbo di Dio incarnato. È Lui che noi sempre celebriamo: l'Emmanuele, il Dio-con-noi, per mezzo del quale si è compiuta la volontà salvifica di Dio Padre. E tuttavia la Sorgente divina fluisce attraverso un canale privilegiato: la Vergine Maria. Con immagine eloquente san Bernardo parla, al riguardo, di *aquaeductus* (cfr. *Sermo in Nativitate B.V. Mariae*: PL 183, 437-448). Celebrando l'Incarnazione del Figlio non possiamo, pertanto, non onorare la Madre. A Lei fu rivolto l'annuncio angelico; Ella lo accolse e, quando dal profondo del cuore rispose: «Eccomi ... avvenga di me secondo la tua parola» (Lc 1,38), in quel momento il Verbo eterno incominciò ad esistere come essere umano nel tempo.

Di generazione in generazione resta vivo lo stupore per questo ineffabile mistero. Sant'Agostino, immaginando di rivolgersi all'Angelo dell'Annunciazione, domanda: «Dimmi, o Angelo, perché è avvenuto questo in Maria?». La risposta, dice il Messaggero, è contenuta nelle parole stesse del saluto: «Ave, o piena di grazia» (cfr. *Sermo* 291,6). Di fatto, l'Angelo, «entrando da Lei», non la chiama con il nome terreno, Maria, ma col suo nome divino, così come Dio da sempre la vede e la qualifica: «Piena di grazia – *gratia plena*», che nell'originale greco è κεχαριτωμένη, «piena di grazia», e la grazia è nient'altro che l'amore di Dio, così potremmo alla fine tradurre questa parola: «amata» da Dio (cfr. Lc 1,28). Origene osserva che mai un simile titolo fu rivolto ad essere umano, e che esso non trova riscontro in tutta la Sacra Scrittura (cfr. *In Lucam* 6,7). È un titolo espresso in forma passiva, ma questa «passività» di Maria, che da sempre e per sempre è l'«amata» dal Signore, implica il suo libero consenso, la sua personale e originale risposta: nell'*essere amata*, nel ricevere il dono di Dio, Maria è pienamente *attiva*, perché accoglie con personale disponibilità l'onda dell'amore di Dio che si riversa in lei. Anche in questo Ella è discepola perfetta del suo Figlio, che nell'obbedienza al Padre realizza interamente la propria libertà e proprio così esercita la libertà, obbedendo. Nella Lettera agli Ebrei in cui l'Autore interpreta il Salmo 39 proprio alla luce dell'Incarnazione di Cristo è detto: «Entrando nel mondo Cristo dice: ... Ecco, io vengo per compiere, o Dio, la tua volontà» (Eb 10,5-7). Di fronte al mistero di questi due «Eccomi», l'«Eccomi» del Figlio e l'«Eccomi» della Madre, che si rispecchiano l'uno nell'altro e formano un unico *Amen* alla volontà d'amore di Dio, noi rimaniamo attoniti e, pieni di riconoscenza, adoriamo.

Che grande dono poter tenere questa suggestiva celebrazione nella solennità dell'Annunciazione del Signore! Quanta luce possiamo attingere da questo mistero per la nostra vita di ministri della Chiesa. In particolare voi, cari nuovi Cardinali, quale sostegno potrete avere per la vostra missione di eminente «Senato» del Successore di Pietro! Questa provvidenziale coincidenza ci aiuta a considerare l'evento odierno, in cui risalta in modo particolare il principio *petrino* della Chiesa, alla luce dell'altro principio, quello *mariano*, che è ancora più originario e fondamentale. L'importanza del principio mariano nella Chiesa è stata particolarmente evidenziata, dopo il Concilio, dal mio amato Predecessore Papa Giovanni Paolo II, coerentemente col suo motto *Totus tuus*. Nella sua impostazione spirituale e nel suo instancabile ministero si è resa manifesta agli occhi di tutti la presenza di Maria quale Madre e Regina della Chiesa. Più che mai questa presenza materna fu da lui avvertita nell'attentato del 13 maggio 1981 in Piazza San Pietro. A ricordo di quel tragico evento egli volle che un mosaico raffigurante la Vergine dominasse, dall'alto del Palazzo Apostolico, su Piazza San Pietro, per accompagnare i momenti culminanti e la trama ordinaria del suo lungo pontificato. L'icona dell'Annunciazione, meglio di qualunque altra, ci fa percepire con chiarezza come tutto nella Chiesa risalga lì, a quel mistero di accoglienza del Verbo divino, dove, per opera dello Spirito Santo, l'Alleanza tra Dio e l'umanità è stata suggellata in modo perfetto. Tutto nella Chiesa, ogni istituzione e ministero, anche quello di Pietro e dei suoi successori, è «compreso» sotto il manto della Vergine, nello spazio pieno di grazia del suo «sì» alla volontà di Dio. Si tratta di un legame che in tutti noi ha naturalmente una forte risonanza affettiva, ma che ha prima di tutto una valenza oggettiva. Tra Maria e la Chiesa vi è infatti una connaturalità che il Concilio Vaticano II ha fortemente sottolineato con la felice scelta di porre la trattazione sulla Beata Vergine a conclusione della Costituzione sulla Chiesa, la *Lumen gentium*.

[...] Le due dimensioni della Chiesa, mariana e petrina, si incontrano poi in quello che costituisce il compimento di entrambe, cioè nel valore supremo della *carità*, il carisma «più grande», la «via migliore di tutte», come scrive l'apostolo Paolo (1Cor 12,31; 13,13).

Tutto passa in questo mondo. Nell'eternità solo l'Amore rimane. Per questo, profittando del tempo propizio della Quaresima, impegniamoci a verificare che ogni cosa nella nostra vita personale, come pure nell'attività ecclesiale in cui siamo inseriti, sia mossa dalla carità e tenda alla carità. Anche per questo ci illumina il mistero che oggi celebriamo. Infatti, il primo atto che Maria compì dopo aver accolto il messaggio dell'Angelo, fu di recarsi «in fretta» a casa della cugina Elisabetta per prestarle il suo servizio (cfr. Lc 1,39). Quella della Vergine fu un'iniziativa di autentica carità, umile e coraggiosa, mossa dalla fede nella Parola di Dio e dalla spinta interiore dello Spirito Santo. Chi ama dimentica se stesso e si mette al servizio del prossimo. Ecco l'immagine e il modello della Chiesa! Ogni comunità ecclesiale, come la Madre di Cristo, è chiamata ad accogliere con piena disponibilità il mistero di Dio che viene ad abitare in essa e la spinge sulle vie dell'amore. È questa la strada su cui ho voluto avviare il mio pontificato invitando tutti, con la prima Enciclica, a edificare la Chiesa nella carità, quale «comunità d'amore» (cfr. Enc. *Deus caritas est*, Seconda parte).

Madre di Dio

«Madre di Dio», *Theotokos*, è il titolo attribuito ufficialmente a Maria nel V secolo, esattamente nel Concilio di Efeso del 431, ma affermatosi nella devozione del popolo cristiano già a partire dal III secolo, nel contesto delle accese discussioni di quel periodo sulla persona di Cristo. Si sottolineava, con quel titolo, che Cristo è Dio ed è realmente nato come uomo da Maria: veniva così preservata la sua unità di vero Dio e di vero uomo. In verità, quantunque il dibattito sembrasse vertere su Maria, esso riguardava essenzialmente il Figlio. Volendo salvaguardare la piena umanità di Gesù, alcuni Padri suggerivano un termine più attenuato: invece del titolo di *Theotokos*, proponevano quello di *Christotokos*, «Madre di Cristo»; giustamente però ciò venne visto come una minaccia alla dottrina della piena unità della divinità con l'umanità di Cristo. Perciò, dopo ampia discussione, nel Concilio di Efeso del 431, come ho detto, venne solennemente confermata, da una parte, l'unità delle due nature, quella divina e quella umana, nella persona del

Figlio di Dio (cfr. *DS*, n. 250) e, dall'altra, la legittimità dell'attribuzione alla Vergine del titolo di *Theotokos*, Madre di Dio (*ibid.*, n. 251).

Dopo questo Concilio si registrò una vera esplosione di devozione mariana e furono costruite numerose chiese dedicate alla Madre di Dio. Tra queste primeggia la Basilica di Santa Maria Maggiore. La dottrina concernente Maria, Madre di Dio, trovò inoltre nuova conferma nel Concilio di Calcedonia (451) in cui Cristo fu dichiarato «vero Dio e vero uomo (...) nato per noi e per la nostra salvezza da Maria, Vergine e Madre di Dio, nella sua umanità» (*DS*, n. 301). Com'è noto, il Concilio Vaticano II ha raccolto in un capitolo della Costituzione dogmatica sulla Chiesa *Lumen gentium*, l'ottavo, la dottrina su Maria, ribadendone la divina maternità. Il capitolo s'intitola: «La Beata Maria Vergine, Madre di Dio, nel mistero di Cristo e della Chiesa».

La qualifica di Madre di Dio, così profondamente legata alle festività natalizie, è pertanto l'appellativo fondamentale con cui la comunità dei credenti onora, potremmo dire, da sempre la Vergine Santa. Essa esprime bene la missione di Maria nella storia della salvezza. Tutti gli altri titoli attribuiti alla Madonna trovano il loro fondamento nella sua vocazione ad essere la Madre del Redentore, la creatura umana eletta da Dio per realizzare il piano della salvezza, incentrato sul grande mistero dell'incarnazione del Verbo divino. In questi giorni di festa ci siamo soffermati a contemplare nel presepe la rappresentazione della Natività. Al centro di questa scena troviamo la Vergine Madre che offre Gesù Bambino alla contemplazione di quanti si recano ad adorare il Salvatore: i pastori, la gente povera di Betlemme, i Magi venuti dall'Oriente. Più tardi, nella festa della «Presentazione del Signore», che celebriamo il 2 febbraio, saranno il vecchio Simeone e la profetessa Anna a ricevere dalle mani della Madre il piccolo Bambino e ad adorarlo. La devozione del popolo cristiano ha sempre considerato la nascita di Gesù e la divina maternità di Maria come due aspetti dello stesso mistero dell'incarnazione del Verbo divino e perciò non ha mai considerato la Natività come una cosa del passato. Noi siamo «contemporanei» dei pastori, dei Magi, di Simeone e di Anna, e mentre andiamo con loro siamo pieni di gioia, perché Dio ha voluto essere il Dio con noi e ha una madre, che è la nostra madre.

Dal titolo di «Madre di Dio» derivano poi tutti gli altri titoli con cui la Chiesa onora la Madonna, ma questo è il fondamentale. Pensiamo al privilegio dell'«Immacolata Concezione», all'essere cioè immune dal peccato fin dal suo concepimento: Maria fu preservata da ogni macchia di peccato perché doveva essere la Madre del Redentore. La stessa cosa vale per il titolo di «Assunta»: non poteva essere soggetta alla corruzione derivante dal peccato originale Colei che aveva generato il Salvatore. E sappiamo che tutti questi privilegi non sono concessi per allontanare Maria da noi, ma al contrario per renderla vicina; infatti, essendo totalmente con Dio, questa Donna è vicinissima a noi e ci aiuta come madre e come sorella. Anche il posto unico e irripetibile che Maria ha nella Comunità dei credenti deriva da questa sua fondamentale vocazione ad essere la Madre del Redentore. Proprio in quanto tale, Maria è anche la Madre del Corpo Mistico di Cristo, che è la Chiesa. Giustamente, pertanto, durante il Concilio Vaticano II, il 21 novembre 1964, Paolo VI attribuì solennemente a Maria il titolo di «Madre della Chiesa».

Proprio perché Madre della Chiesa, la Vergine è anche Madre di ciascuno di noi, che siamo membra del Corpo mistico di Cristo. Dalla Croce Gesù ha affidato la Madre ad ogni suo discepolo e, allo stesso tempo, ha affidato ogni suo discepolo all'amore della Madre sua. L'evangelista Giovanni conclude il breve e suggestivo racconto con le parole: «E da quel momento il discepolo la prese nella sua casa» (Gv 19,27). Così è la traduzione italiana del testo greco: «εἰς τὰ ἴδια», egli l'accolse nella realtà propria, nel suo proprio essere. Così che fa parte della sua vita e le due vite si compenetrano; e questo accettarla (εἰς τὰ ἴδια) nella propria vita è il testamento del Signore. Dunque, al momento supremo del compimento della missione messianica, Gesù lascia a ciascuno dei suoi discepoli, come eredità preziosa, la sua stessa Madre, la Vergine Maria.

Madre della Chiesa

L'8 dicembre 1965, sulla Piazza antistante la Basilica di San Pietro, Papa Paolo VI concluse solennemente il Concilio Vaticano II. Era stato inaugurato, secondo la volontà di Giovanni XXIII, l'11 ottobre 1962, allora festa della Maternità di Maria, ed ebbe la sua conclusione nel giorno dell'Immacolata. Una cornice mariana circonda il Concilio. In realtà, è molto di più di una cornice: è un orientamento dell'intero suo cammino. Ci rimanda, come rimandava allora i Padri del Concilio, all'immagine della Vergine in ascolto, che vive nella Parola di Dio, che serba nel suo cuore le parole che le vengono da Dio e, congiungendole come in un mosaico, impara a comprenderle (cfr. Lc 2,19.51); ci rimanda alla grande Credente che, piena di fiducia, si mette nelle mani di Dio, abbandonandosi alla sua volontà; ci rimanda all'umile Madre che, quando la missione del Figlio lo esige, si fa da parte e, al contempo, alla donna coraggiosa che, mentre i discepoli si danno alla fuga, sta sotto la croce. Paolo VI, nel suo discorso in occasione della promulgazione della Costituzione conciliare sulla Chiesa, aveva qualificato Maria come «*tutrix huius Concilii* – protettrice di questo Concilio»[1] e, con un'allusione inconfondibile al racconto di Pentecoste tramandato da Luca (At 1,12-14), aveva detto che i Padri si erano riuniti nell'aula del Concilio «*cum Maria, Matre Iesu*» e, pure nel suo nome, ne sarebbero ora usciti[2].

Resta indelebile nella mia memoria il momento in cui, sentendo le sue parole: «*Mariam Sanctissimam declaramus Matrem Ecclesiae* – dichiariamo Maria Santissima Madre della Chiesa», spontaneamente i Padri si alzarono di scatto dalle loro sedie e applaudirono in piedi, rendendo omaggio alla Madre di Dio, a nostra Madre, alla Madre della Chiesa. Di fatto, con questo titolo il Papa riassumeva la dottrina mariana del Concilio e dava la chiave per la sua comprensione. Maria non sta soltanto in un rapporto singolare con Cristo, il Figlio

[1] Cfr. *Oecumenicum Concilium Vaticanum II, Constitutiones Decreta Declarationes*, Città del Vaticano 1966, p. 983.
[2] *Ibid.*, p. 985.

di Dio che, come uomo, ha voluto diventare figlio suo. Essendo totalmente unita a Cristo, ella appartiene anche totalmente a noi. Sì, possiamo dire che Maria ci è vicina come nessun altro essere umano, perché Cristo è uomo per gli uomini e tutto il suo essere è un «esserci per noi». Cristo, dicono i Padri, come Capo è inseparabile dal suo Corpo che è la Chiesa, formando insieme con essa, per così dire, un unico soggetto vivente. La Madre del Capo è anche la Madre di tutta la Chiesa; lei è, per così dire, totalmente espropriata da se stessa; si è data interamente a Cristo e con Lui viene data in dono a tutti noi. Infatti, più la persona umana si dona, più trova se stessa.

Il Concilio intendeva dirci questo: Maria è così intrecciata nel grande mistero della Chiesa che lei e la Chiesa sono inseparabili come sono inseparabili lei e Cristo. Maria rispecchia la Chiesa, la anticipa nella sua persona e, in tutte le turbolenze che affliggono la Chiesa sofferente e faticante, ne rimane sempre la stella della salvezza. È lei il suo vero centro di cui ci fidiamo, anche se tanto spesso la sua periferia ci pesa sull'anima. Papa Paolo VI, nel contesto della promulgazione della Costituzione sulla Chiesa, ha messo in luce tutto questo mediante un nuovo titolo radicato profondamente nella Tradizione, proprio nell'intento di illuminare la struttura interiore dell'insegnamento sulla Chiesa sviluppato nel

Concilio. Il Vaticano II doveva esprimersi sulle componenti istituzionali della Chiesa: sui Vescovi e sul Pontefice, sui sacerdoti, i laici e i religiosi nella loro comunione e nelle loro relazioni; doveva descrivere la Chiesa in cammino, «che comprende nel suo seno peccatori, santa insieme e sempre bisognosa di purificazione...» (*Lumen gentium*, 8). Ma questo aspetto «petrino» della Chiesa è incluso in quello «mariano». In Maria, l'Immacolata, incontriamo l'essenza della Chiesa in modo non deformato. Da lei dobbiamo imparare a diventare noi stessi «anime ecclesiali», così si esprimevano i Padri, per poter anche noi, secondo la parola di san Paolo, presentarci «immacolati» al cospetto del Signore, così come Egli ci ha voluto fin dal principio (Col 1,21; Ef 1,4).

Ma ora dobbiamo chiederci: Che cosa significa «Maria, l'Immacolata»? Questo titolo ha qualcosa da dirci? La liturgia ci chiarisce il contenuto di questa parola in due grandi immagini. C'è innanzitutto il racconto meraviglioso dell'annuncio a Maria, la Vergine di Nazaret, della venuta del Messia. Il saluto dell'Angelo è intessuto di fili dell'Antico Testamento, specialmente del profeta Sofonia. Esso fa vedere che Maria, l'umile donna di provincia che proviene da una stirpe sacerdotale e porta in sé il grande patrimonio sacerdotale d'Israele, è «il santo resto» d'Israele a cui i profeti, in tutti i periodi di travagli e di tenebre, hanno fatto riferimento. In lei è presente la vera Sion, quella pura, la vivente dimora di Dio. In lei dimora il Signore, in lei trova il luogo del suo riposo. Lei è la vivente casa di Dio, il quale non abita in edifici di pietra, ma nel cuore dell'uomo vivo. Lei è il germoglio che, nella buia notte invernale della storia, spunta dal tronco abbattuto di Davide. In lei si compie la parola del Salmo: «La terra ha dato il suo frutto» (67,7). Lei è il virgulto, dal quale deriva l'albero della redenzione e dei redenti. Dio non ha fallito, come poteva apparire già all'inizio della storia con Adamo ed Eva, o durante il periodo dell'esilio babilonese, e come nuovamente appariva al tempo di Maria quando Israele era diventato un popolo senza importanza in una regione occupata, con ben pochi segni riconoscibili della sua santità. Dio non ha fallito. Nell'umiltà della casa di Nazaret vive l'Israele santo, il resto puro. Dio ha salvato e salva il suo popolo. Dal tronco abbattuto rifulge nuovamente la sua storia, diventando una nuova forza viva che orienta e pervade il mondo. Maria è l'Israele santo; Ella dice «sì» al Signore, si mette pienamente a sua disposizione e diventa così il tempio vivente di Dio.

La seconda immagine è molto più difficile e oscura. Questa metafora tratta dal Libro della Genesi parla a noi da una grande distanza storica, e solo a fatica può essere chiarita; soltanto nel corso della storia è stato possibile sviluppare una comprensione più profonda di ciò che lì viene riferito. Viene predetto che durante tutta la storia continuerà la lotta tra l'uomo e il serpente, cioè tra l'uomo e le potenze del male e della morte. Viene però anche preannunciato che «la stirpe» della donna un giorno vincerà e schiaccerà la testa al serpente, alla morte; è preannunciato che la stirpe della donna – e in essa la donna e la madre stessa – vincerà e che così, mediante l'uomo, Dio vincerà. Se insieme con la Chiesa credente e orante ci mettiamo in ascolto davanti a questo testo, allora possiamo cominciare a capire che cosa sia il peccato originale, il peccato ereditario, e anche che cosa sia la tutela da questo peccato ereditario, che cosa sia la redenzione.

Qual è il quadro che in questa pagina ci vien posto davanti? L'uomo non si fida di Dio. Egli, tentato dalle parole del serpente, cova il sospetto che Dio, in fin dei conti, gli tolga qualcosa della sua vita, che Dio sia un concorrente che limita la nostra libertà e che noi saremo pienamente esseri umani soltanto quando l'avremo accantonato; insomma, che solo in questo modo possiamo realizzare in pienezza la nostra libertà. L'uomo vive nel sospetto che l'amore di Dio crei una dipendenza e che gli sia necessario sbarazzarsi di questa dipendenza per essere pienamente se stesso. L'uomo non vuole ricevere da Dio la sua esistenza e la pienezza della sua vita. Vuole attingere egli stesso dall'albero della conoscenza il potere di plasmare il mondo, di farsi dio elevandosi al livello di Lui, e di vincere con le proprie forze la morte e le tenebre. Non vuole contare sull'amore che non gli sembra affidabile; egli conta unicamente sulla conoscenza, in quanto essa gli conferisce il potere. Piuttosto che sull'amore punta sul potere col quale vuole prendere in mano in modo autonomo la propria vita. E nel fare questo, egli si fida della menzogna piuttosto che della verità e con ciò sprofonda con la sua vita nel vuoto, nella morte. Amore non è dipendenza, ma dono che ci fa vivere. La libertà di un essere umano è la libertà di un essere limitato ed è quindi limitata essa stessa. Possiamo possederla soltanto come libertà condivisa, nella comunione delle libertà: solo se viviamo nel modo giusto l'uno con l'altro e l'uno per l'altro, la libertà può svilupparsi. Noi viviamo nel modo giusto, se viviamo secondo la verità del nostro essere e cioè secondo la volontà di Dio. Perché la volontà di Dio non è per l'uomo una legge imposta dall'esterno che lo costringe, ma la misura intrinseca della sua natura, una misura che è iscritta in lui e lo rende immagine di Dio e così creatura libera. Se noi viviamo contro l'amore e contro la verità – contro Dio –, allora ci distruggiamo a vicenda e distruggiamo il mondo. Allora non troviamo la vita, ma facciamo l'interesse della morte. Tutto questo è raccontato con immagini immortali nella storia della caduta originale e della cacciata dell'uomo dal Paradiso terrestre.

Se riflettiamo sinceramente su di noi e sulla nostra storia, dobbiamo dire che con questo racconto è descritta non solo la storia dell'inizio, ma la storia di tutti i tempi, e che tutti portiamo dentro di noi una goccia del veleno di quel modo di pensare illustrato nelle immagini del Libro della Genesi. Questa goccia di veleno la chiamiamo peccato originale. Proprio nella festa dell'Immacolata Concezione emerge in noi il sospetto che una persona che non pecchi affatto sia in fondo noiosa; che manchi qualcosa nella sua vita: la dimensione drammatica dell'essere autonomi; che faccia parte del vero essere uomini la libertà del dire di no, lo scendere giù nelle tenebre del peccato e del voler fare da sé; che solo allora si possa sfruttare fino in fondo tutta la vastità e la profondità del nostro essere uomini, dell'essere veramente noi stessi; che dobbiamo mettere a prova questa libertà anche contro Dio per diventare in realtà pienamente noi stessi. Con una parola, noi pensiamo che il male in fondo sia buono, che di esso, almeno un po', noi abbiamo bisogno per sperimentare la pienezza dell'essere. Pensiamo che Mefistofele – il tentatore – abbia ragione quando dice di essere la forza «che sempre vuole il male e sempre opera il bene» (J.W. v. Goethe, *Faust* I, 3). Pensiamo che patteggiare un po' col male, riservarsi un po' di libertà contro Dio, in fondo, sia bene, forse sia addirittura necessario.

Guardando però il mondo intorno a noi, possiamo vedere che non è così, che cioè il male avvelena sempre, non innalza l'uomo, ma lo abbassa e lo umilia, non lo rende più grande, più puro e più ricco, ma lo danneggia e lo fa diventare più piccolo. Questo dobbiamo piuttosto imparare nel giorno dell'Immacolata: l'uomo che si abbandona totalmente nelle mani di Dio non diventa un burattino di Dio, una noiosa persona consenziente; egli non perde la sua libertà. Solo l'uomo che si affida totalmente a Dio trova la vera libertà, la vastità grande e creativa della libertà del bene. L'uomo che si volge verso Dio non diventa più piccolo, ma più grande, perché grazie a Dio e insieme con Lui diventa grande, diventa divino, diventa veramente se stesso. L'uomo che si mette nelle mani di Dio non si allontana dagli altri, ritirandosi nella sua salvezza privata; al contrario, solo allora il suo cuore si desta veramente ed egli diventa una persona sensibile e perciò benevola e aperta.

Più l'uomo è vicino a Dio, più vicino è agli uomini. Lo vediamo in Maria. Il fatto che Ella sia totalmente presso Dio è la ragione per cui è anche così vicina agli uomini. Per questo può essere la Madre di ogni consolazione e di ogni aiuto, una Madre alla quale in qualsiasi necessità chiunque può osare rivolgersi nella propria debolezza e nel proprio peccato, perché Ella ha comprensione per tutto ed è per tutti la forza aperta della bontà creativa. È in lei che Dio imprime la propria immagine, l'immagine di Colui che segue la pecorella smarrita fin nelle montagne e fin tra gli spini e i pruni dei peccati di questo mondo, lasciandosi ferire dalla corona di spine di questi peccati, per prendere la pecorella sulle sue spalle e portarla a casa. Come Madre che compatisce, Maria è la figura anticipata e il ritratto permanente del Figlio. E così vediamo che anche l'immagine dell'Addolorata, della Madre che condivide la sofferenza e l'amore, è una vera immagine dell'Immacolata. Il suo cuore, mediante l'essere e il sentire insieme con Dio, si è allargato. In lei la bontà di Dio si è avvicinata e si avvicina molto a noi. Così Maria sta davanti a noi come segno di consolazione, di incoraggiamento, di speranza. Ella si rivolge a noi dicendo: «Abbi il coraggio di osare con Dio! Provaci! Non aver paura di Lui! Abbi il coraggio di rischiare con la fede! Abbi il coraggio di rischiare con la bontà!

Abbi il coraggio di rischiare con il cuore puro! Compromettiti con Dio, allora vedrai che proprio con ciò la tua vita diventa ampia e illuminata, non noiosa, ma piena di infinite sorprese, perché la bontà infinita di Dio non si esaurisce mai!».

La stella della speranza

Con un inno dell'VIII/IX secolo, quindi da più di mille anni, la Chiesa saluta Maria, la Madre di Dio, come «stella del mare»: *Ave maris stella.* La vita umana è un cammino. Verso quale meta? Come ne troviamo la strada? La vita è come un viaggio sul mare della storia, spesso oscuro e in burrasca, un viaggio nel quale scrutiamo gli astri che ci indicano la rotta. Le vere stelle della nostra vita sono le persone che hanno saputo vivere rettamente. Esse sono luci di speranza. Certo, Gesù Cristo è la luce per antonomasia, il sole sorto sopra tutte le tenebre della storia. Ma per giungere fino a Lui abbiamo bisogno anche di luci vicine – di persone che donano luce traendola dalla sua luce e offrono così orientamento per la nostra traversata. E quale persona potrebbe più di Maria essere per noi stella di speranza – lei che con il suo «sì» aprì a Dio stesso la porta del nostro mondo; lei che diventò la vivente Arca dell'Alleanza, in cui Dio si fece carne, divenne uno di noi, piantò la sua tenda in mezzo a noi (cfr. Gv 1,14)?

A lei perciò ci rivolgiamo: Santa Maria, tu appartenevi a quelle anime umili e grandi in Israele che, come Simeone, aspettavano «il conforto d'Israele» (Lc 2,25) e attendevano, come Anna, «la redenzione di Gerusalemme» (Lc 2,38). Tu vivevi in intimo contatto con le Sacre Scritture di Israele, che parlavano della speranza – della promessa fatta ad Abramo e alla sua discendenza (cfr. Lc 1,55). Così comprendiamo il santo timore che ti assalì, quando l'angelo del Signore entrò nella tua camera e ti disse che tu avresti dato alla luce Colui che era la speranza di Israele e l'attesa del mondo. Per mezzo tuo, attraverso il tuo «sì», la speranza dei millenni doveva diventare realtà, entrare in questo mondo e nella sua storia. Tu ti sei inchinata davanti alla grandezza di questo compito e hai detto «sì»: «Eccomi, sono la serva del Signore, avvenga di me quello che hai detto» (Lc 1,38). Quando piena di santa gioia attraversasti in fretta i monti della Giudea per raggiungere la tua parente Elisabetta, diventasti l'immagine della futura Chiesa che, nel suo seno, porta la speranza del mondo attraverso i monti della storia. Ma accanto alla gioia che, nel tuo *Magnificat*, con le parole e col canto hai diffuso nei secoli, conoscevi pure le affermazioni oscure dei profeti sulla sofferenza del servo di Dio in questo mondo. Sulla nascita nella stalla di Betlemme brillò lo splendore degli angeli che portavano la buona novella ai pastori, ma al tempo stesso la povertà di Dio in questo mondo fu fin troppo sperimentabile. Il vecchio Simeone ti parlò della spada che avrebbe trafitto il tuo cuore (cfr. Lc 2,35), del segno di contraddizione che il tuo Figlio sarebbe stato in questo mondo. Quando poi cominciò l'attività pubblica di Gesù, dovesti farti da parte, affinché potesse crescere la nuova famiglia, per la cui costituzione Egli era venuto e che avrebbe dovuto svilupparsi con l'apporto di coloro che avrebbero ascoltato e osservato la sua parola (cfr. Lc 11,27s.). Nonostante tutta la grandezza e la gioia del primo avvio dell'attività di Gesù tu, già nella sinagoga di Nazaret, dovesti sperimentare la verità della parola sul «segno di contraddizione» (cfr. Lc 4,28ss.). Così hai visto il crescente potere dell'ostilità e del rifiuto che progressivamente andava affermandosi intorno a Gesù fino all'ora della croce, in cui dovesti vedere il Salvatore del mondo, l'erede di Davide, il Figlio di Dio morire come un fallito, esposto allo scherno, tra i delinquenti. Accogliesti allora la parola: «Donna, ecco il tuo figlio!» (Gv 19,26). Dalla croce ricevesti una nuova missione. A partire dalla croce diventasti madre in una maniera nuova: madre di tutti coloro che vogliono credere nel tuo Figlio Gesù e seguirlo. La spada del dolore trafisse il tuo cuore. Era morta la speranza? Il mondo era rimasto definitivamente senza luce, la vita senza meta? In quell'ora, probabilmente, nel tuo intimo avrai ascoltato nuovamente la parola dell'angelo, con cui aveva risposto al tuo timore nel momento dell'annunciazione: «Non temere, Maria!» (Lc 1,30). Quante volte il Signore, il tuo Figlio, aveva detto la stessa cosa ai suoi discepoli: Non temete! Nella notte del Golgota, tu sentisti nuovamente questa parola. Ai suoi discepoli, prima dell'ora del tradimento, Egli aveva detto: «Abbiate coraggio! Io ho vinto il mondo» (Gv 16,33). «Non sia turbato il vostro cuore e non abbia timore» (Gv 14,27). «Non temere, Maria!» Nell'ora di Nazaret l'angelo ti aveva detto anche: «Il suo regno non avrà fine» (Lc 1,33). Era forse finito prima di cominciare? No, presso la croce, in base alla parola stessa di Gesù, tu eri diventata madre dei credenti. In questa fede, che anche nel buio del Sabato Santo era certezza della speranza, sei andata incontro al mattino di Pasqua. La gioia della risurrezione ha toccato il tuo cuore e ti ha unito in modo nuovo ai discepoli, destinati a diventare famiglia di Gesù mediante la fede. Così tu fosti in mezzo alla comunità dei credenti, che nei giorni dopo l'Ascensione pregavano unanimemente per il dono dello Spirito Santo (cfr. At 1,14) e lo ricevettero nel giorno di Pentecoste. Il «regno» di Gesù era diverso da come gli uomini avevano potuto immaginarlo. Questo «regno» iniziava in quell'ora e non avrebbe avuto mai fine. Così tu rimani in mezzo ai discepoli come la loro Madre, come Madre della speranza. Santa Maria, Madre di Dio, Madre nostra, insegnaci a credere, sperare e amare con te. Indicaci la via verso il suo regno! Stella del mare, brilla su di noi e guidaci nel nostro cammino!

VI

I SACRAMENTI

Il simbolismo dei segni sacramentali

Centro del culto della Chiesa è il Sacramento. Sacramento significa che in primo luogo non siamo noi uomini a fare qualcosa, ma Dio in anticipo ci viene incontro con il suo agire, ci guarda e ci conduce verso di sé. E c'è ancora qualcos'altro di singolare: Dio ci tocca per mezzo di realtà materiali, attraverso doni del creato che Egli assume al suo servizio, facendone strumenti dell'incontro tra noi e Lui stesso. Sono quattro gli elementi della creazione con i quali è costruito il cosmo dei Sacramenti: l'acqua, il pane di frumento, il vino e l'olio di oliva. L'acqua come elemento basilare e condizione fondamentale di ogni vita è il segno essenziale dell'atto in cui, nel Battesimo, si diventa cristiani, della nascita alla vita nuova. Mentre l'acqua è l'elemento vitale in genere e quindi rappresenta l'accesso comune di tutti alla nuova nascita da cristiani, gli altri tre elementi appartengono alla cultura dell'ambiente mediterraneo. Essi rimandano così al concreto ambiente storico in cui il Cristianesimo si è sviluppato. Dio ha agito in un luogo ben determinato della terra, ha veramente fatto storia con gli uomini. Questi tre elementi, da una parte, sono doni del creato e, dall'altra, sono tuttavia anche indicazioni dei luoghi della storia di Dio con noi. Sono una sintesi tra creazione e storia: doni di Dio che ci collegano sempre con quei luoghi del mondo, nei quali Dio ha voluto agire con noi nel tempo della storia, diventare uno di noi.

In questi tre elementi c'è di nuovo una graduazione. Il pane rinvia alla vita quotidiana. È il dono fondamentale della vita giorno per giorno. Il vino rinvia alla festa, alla squisitezza del creato, in cui, al contempo, può esprimersi in modo particolare la gioia dei redenti. L'olio dell'ulivo ha un significato ampio. È nutrimento, è medicina, dà bellezza, allena per la lotta e dona vigore. I re e i sacerdoti vengono unti con olio, che così è segno di dignità e di responsabilità, come anche della forza che viene da Dio. Nel nostro nome «cristiani» è presente il mistero dell'olio. La parola «cristiani», infatti, con cui i discepoli di Cristo vengono chiamati già all'inizio della Chiesa proveniente dai pagani, deriva dalla parola «Cristo» (cfr. At 11,20-21) – traduzione greca della parola «Messia», che significa «Unto». Essere cristiani vuol dire: provenire da Cristo, appartenere a Cristo, all'Unto di Dio, a Colui al quale Dio ha donato la regalità e il sacerdozio. Significa appartenere a Colui che Dio stesso ha unto – non con un olio materiale, ma con Colui che è rappresentato dall'olio: con il suo Santo Spirito. L'olio di oliva è così in modo del tutto particolare simbolo della compenetrazione dell'Uomo Gesù da parte dello Spirito Santo.

Nella Messa crismale del Giovedì Santo gli oli santi stanno al centro dell'azione liturgica. Vengono consacrati nella cattedrale dal Vescovo per tutto l'anno. Esprimono così anche l'unità della Chiesa, garantita dall'Episcopato, e rimandano a Cristo, il vero «pastore e custode delle nostre anime», come lo chiama san Pietro (cfr. 1Pt 2,25). E, al contempo, tengono insieme tutto l'anno liturgico, ancorato al mistero del Giovedì Santo. Infine, rimandano all'Orto degli Ulivi, in cui Gesù ha accettato interiormente la sua Passione. L'Orto degli Ulivi è però anche il luogo dal quale Egli è asceso al Padre, è quindi il luogo della Redenzione: Dio non ha lasciato Gesù nella morte. Gesù vive per sempre presso il Padre, e proprio per questo è onnipresente, sempre presso di noi. Questo duplice mistero del Monte degli Ulivi è anche sempre «attivo» nell'olio sacramentale della Chiesa. In quattro Sacramenti l'olio è segno della bontà di Dio che ci tocca: nel Battesimo, nella Cresima come Sacramento dello Spirito Santo, nei vari gradi del Sacramento dell'Ordine e, infine, nell'Unzione degli infermi, in cui l'olio ci viene offerto, per così dire, quale medicina di Dio – come la medicina che ora ci rende certi della sua bontà, ci deve rafforzare e consolare, ma che, allo stesso tempo, al di là del momento della malattia, rimanda alla guarigione definitiva, alla risurrezione (cfr. Gc 5,14). Così l'olio, nelle sue diverse forme, ci accompagna lungo tutta la vita: a cominciare dal catecumenato e dal Battesimo fino al momento in cui ci prepariamo all'incontro con il Dio Giudice e Salvatore. Infine, la Messa crismale, in cui il segno sacramentale dell'olio ci viene presentato come linguaggio della creazione di Dio, si rivolge, in modo particolare, a noi sacerdoti: essa ci parla di Cristo, che Dio ha unto Re e Sacerdote – di Lui che ci rende partecipi del suo sacerdozio, della sua «unzione», nella nostra Ordinazione sacerdotale.

Vorrei quindi tentare di spiegare ancora brevemente il mistero di questo santo segno nel suo riferimento essenziale alla vocazione sacerdotale. In etimologie popolari si è collegata, già nell'antichità, la parola greca «*elaion*» – olio – con la parola «*eleos*» – misericordia. Di fatto, nei vari Sacramenti, l'olio consacrato è sempre segno della misericordia di Dio. L'unzione per il sacerdozio significa pertanto sempre anche l'incarico di portare la misericordia di Dio agli uomini. Nella lampada della nostra vita non dovrebbe mai venir a mancare l'olio della misericordia. Procuriamocelo sempre in tempo presso il Signore – nell'incontro con la sua Parola, nel ricevere i Sacramenti, nel trattenerci in preghiera presso di Lui.

Attraverso la storia della colomba col ramo d'ulivo, che annunciava la fine del diluvio e così la nuova pace di Dio con il mondo degli uomini, non solo la colomba, ma anche il ramo d'ulivo e l'olio stesso sono diventati simbolo della pace. I cristiani dei primi secoli amavano ornare le tombe dei loro defunti con la corona della vittoria e il ramo d'ulivo, simbolo della pace. Sapevano che Cristo ha vinto la morte e che i loro defunti riposavano nella pace di Cristo. Si sapevano, essi stessi, attesi da Cristo, che aveva loro promesso la pace che il mondo non è in grado di dare. Si ricordavano che la prima parola del Risorto ai suoi era stata: «Pace a voi!» (Gv 20,19). Egli stesso porta, per così dire, il ramo d'ulivo, introduce la sua pace nel mondo. Annuncia la bontà salvifica di Dio. Egli è la nostra pace. I cristiani dovrebbero quindi essere persone di pace, persone che riconoscono e vivono il mistero della Croce come mistero della riconciliazione. Cristo non vince mediante la spada, ma per mezzo della Croce. Vince superando l'odio. Vince mediante la forza del suo amore più grande. La Croce di Cristo esprime il «no» alla violenza. E proprio così essa è il segno della vittoria di Dio, che annuncia la nuova via di Gesù. Il sofferente è stato più forte dei detentori del potere. Nell'autodonazione sulla Croce, Cristo ha vinto la violenza. Come sacerdoti siamo chiamati ad essere, nella comunione con Gesù Cristo, uomini di pace, siamo chiamati ad opporci alla violenza e a fidarci del potere più grande dell'amore.

Appartiene al simbolismo dell'olio anche il fatto che esso rende forti per la lotta. Ciò non contrasta col tema della pace, ma ne è una parte. La lotta dei cristiani consisteva e consiste non nell'uso della violenza, ma nel fatto che essi erano e sono tuttora pronti a soffrire per il bene, per Dio. Consiste nel fatto che i cristiani, come buoni cittadini, rispettano il diritto e fanno ciò che è giusto e buono. Consiste nel fatto che rifiutano di fare ciò che negli ordinamenti giuridici in vigore non è diritto, ma ingiustizia. La lotta dei martiri consisteva nel loro «no» concreto all'ingiustizia: respingendo la partecipazione al culto idolatrico, all'adorazione dell'imperatore, si sono rifiutati di piegarsi davanti alla falsità, all'adorazione di persone umane e del loro potere. Con il loro «no» alla falsità e a tutte le sue conseguenze hanno innalzato il potere del diritto e della verità. Così hanno servito la vera pace. Anche oggi è importante per i cristiani seguire il diritto, che è il fondamento della pace. Anche oggi è importante per i cristiani non accettare un'ingiustizia che viene elevata a diritto – per esempio, quando si tratta dell'uccisione di bambini innocenti non ancora nati. Proprio così serviamo la pace e proprio così ci troviamo a seguire le orme di Gesù Cristo, di cui san Pietro dice: «Insultato non rispondeva con insulti; maltrattato non minacciava vendetta, ma si affidava a colui che giudica con giustizia. Egli portò i nostri peccati nel suo corpo sul legno della croce, perché non vivendo più per il peccato, vivessimo per la giustizia» (1Pt 2,23s.).

L'inizio del cammino nella vita cristiana

Come possiamo lasciarci rinnovare dallo Spirito Santo e crescere nella nostra vita spirituale? La risposta – lo sapete – è: lo si può per mezzo dei Sacramenti, perché la fede nasce e si irrobustisce in noi grazie ai Sacramenti, innanzitutto a quelli dell'iniziazione cristiana: il Battesimo, la Confermazione e l'Eucaristia, che sono complementari e inscindibili (cfr. *Catechismo della Chiesa*

Cattolica, 1285). Questa verità sui tre Sacramenti che sono all'inizio del nostro essere cristiani è forse trascurata nella vita di fede di non pochi cristiani, per i quali essi sono gesti compiuti nel passato senza incidenza reale sull'oggi, come radici senza linfa vitale. Avviene che, ricevuta la Confermazione, diversi giovani si allontanano dalla vita di fede. E ci sono anche giovani che nemmeno ricevono questo sacramento. Eppure è con i sacramenti del Battesimo, della Confermazione e poi, in modo continuativo, dell'Eucaristia che lo Spirito Santo ci rende figli del Padre, fratelli di Gesù, membri della sua Chiesa, capaci di una vera testimonianza al Vangelo, fruitori della gioia della fede.

Vi invito perciò a riflettere su quanto qui vi scrivo. Oggi è particolarmente importante riscoprire il sacramento della Confermazione e ritrovarne il valore per la nostra crescita spirituale. Chi ha ricevuto i sacramenti del Battesimo e della Confermazione ricordi che è diventato «tempio dello Spirito»: Dio abita in lui. Sia sempre cosciente di questo e faccia sì che il tesoro che è in lui porti frutti di santità. Chi è battezzato, ma non ha ancora ricevuto il sacramento della Confermazione, si prepari a riceverlo sapendo che così diventerà un cristiano «compiuto», poiché la Confermazione perfeziona la grazia battesimale (cfr. CCC, 1302-1304).

La Confermazione ci dona una *forza speciale* per testimoniare e glorificare Dio con tutta la nostra vita (cfr. Rm 12,1); ci rende intimamente consapevoli della nostra appartenenza alla Chiesa, «Corpo di Cristo», del quale tutti siamo membra vive, solidali le une con le altre (cfr. 1Cor 12,12-25). Lasciandosi guidare dallo Spirito, ogni battezzato può apportare il proprio contributo all'edificazione della Chiesa grazie ai *carismi* che Egli dona, poiché «*a ciascuno* è data una manifestazione particolare dello Spirito *per l'utilità comune*» (1Cor 12,7). E quando lo Spirito agisce reca nell'animo i suoi frutti che sono «amore, gioia, pace, pazienza, benevolenza, bontà, fedeltà, mitezza, dominio di sé» (Gal 5,22). A quanti tra voi non hanno ancora ricevuto il sacramento della Confermazione rivolgo il cordiale invito a prepararsi ad accoglierlo, chiedendo l'aiuto dei loro sacerdoti. È una speciale occasione di grazia che il Signore vi offre: non lasciatevela sfuggire!

Vorrei qui aggiungere una parola sull'Eucaristia. Per crescere nella vita cristiana, è necessario nutrirsi del Corpo e Sangue di Cristo: infatti, siamo battezzati e confermati in vista dell'Eucaristia (cfr. CCC, 1322; Esort. apost. *Sacramentum caritatis*, 17). «Fonte e culmine» della vita ecclesiale, l'Eucaristia è una «Pentecoste perpetua», poiché ogni volta che celebriamo la

Santa Messa riceviamo lo Spirito Santo che ci unisce più profondamente a Cristo e in Lui ci trasforma. Se, cari giovani, parteciperete frequentemente alla Celebrazione eucaristica, se consacrerete un po' del vostro tempo all'adorazione del SS.mo Sacramento, dalla Sorgente dell'amore, che è l'Eucaristia, vi verrà quella gioiosa determinazione di dedicare la vita alla sequela del Vangelo. Sperimenterete al tempo stesso che là dove non arrivano le nostre forze, è lo Spirito Santo a trasformarci, a colmarci della sua forza e a renderci testimoni pieni dell'ardore missionario del Cristo risorto.

Il dono di una nuova identità

Nel suo discorso d'addio, Gesù ha annunciato ai discepoli la sua imminente morte e risurrezione con una frase misteriosa. Dice: «Vado e vengo da voi» (Gv 14,28). Il morire è un andare via. Anche se il corpo del deceduto rimane ancora – egli personalmente è andato via verso l'ignoto e noi non possiamo seguirlo (cfr. Gv 13,36). Ma nel caso di Gesù c'è una novità unica che cambia il mondo. Nella nostra morte l'andare via è una cosa definitiva, non c'è ritorno. Gesù, invece, dice della sua morte: «Vado e vengo da voi». Proprio nell'andare via,

Egli viene. Il suo andare inaugura un modo tutto nuovo e più grande della sua presenza. Col suo morire Egli entra nell'amore del Padre. Il suo morire è un atto d'amore. L'amore, però, è immortale. Per questo il suo andare via si trasforma in un nuovo venire, in una forma di presenza che giunge più nel profondo e non finisce più. Nella sua vita terrena Gesù, come tutti noi, era legato alle condizioni esterne dell'esistenza corporea: a un determinato luogo e a un determinato tempo. La corporeità pone dei limiti alla nostra esistenza. Non possiamo essere contemporaneamente in due luoghi diversi. Il nostro tempo è destinato a finire. E tra l'io e il tu c'è il muro dell'alterità. Certo, nell'amore possiamo in qualche modo entrare nell'esistenza dell'altro. Rimane, tuttavia, la barriera invalicabile dell'essere diversi. Gesù, invece, che ora mediante l'atto dell'amore è totalmente trasformato, è libero da tali barriere e limiti. Egli è in grado di passare non solo attraverso le porte esteriori chiuse, come ci raccontano i Vangeli (cfr. Gv 20,19). Può passare attraverso la porta interiore tra l'io e il tu, la porta chiusa tra l'ieri e l'oggi, tra il passato e il domani. Quando, nel giorno del suo ingresso solenne in Gerusalemme, un gruppo di Greci aveva chiesto di vederlo, Gesù aveva risposto con la parabola del chicco di grano che, per portare molto frutto, deve passare attraverso la morte. Con ciò aveva predetto il proprio destino. Non voleva allora semplicemente parlare con questo o quell'altro Greco per qualche minuto. Attraverso la sua Croce, mediante il suo andare via, mediante il suo morire come il chicco di grano, sarebbe arrivato veramente presso i Greci, così che essi potessero vederlo e toccarlo nella fede. Il suo andare via diventa un venire nel modo universale della presenza del Risorto, in cui Egli è presente ieri, oggi e in eterno; in cui abbraccia tutti i tempi e tutti i luoghi. Ora può oltrepassare anche il muro dell'alterità che separa l'io dal tu. Questo è avvenuto con Paolo, il quale descrive il processo della sua conversione e del suo Battesimo con le parole: «Non sono più io che vivo, ma Cristo vive in me» (Gal 2,20). Mediante la venuta del Risorto, Paolo ha ottenuto un'identità nuova. Il suo io chiuso si è aperto. Ora vive in comunione con Gesù Cristo, nel grande io dei credenti che sono divenuti – come egli definisce tutto ciò – «uno in Cristo» (Gal 3,28).

Appare così evidente, che le parole misteriose di Gesù nel Cenacolo ora – mediante il Battesimo – si rendono per voi di nuovo presenti. Nel Battesimo il Signore entra nella vostra vita per la porta del vostro cuore. Noi non stiamo più uno accanto all'altro o uno contro l'altro. Egli attraversa tutte queste porte. È questa la realtà del Battesimo: Egli, il Risorto, viene, viene a voi e congiunge la vita sua con quella vostra, tenendovi dentro al fuoco aperto del suo amore. Voi diventate un'unità, sì, una cosa sola con Lui, e così una cosa sola tra di voi. In un primo momento questo può sembrare assai teorico e poco realistico. Ma quanto più vivrete la vita da battezzati, tanto più potrete sperimentare la verità di questa parola. Le persone battezzate e credenti non sono mai veramente estranee l'una per l'altra. Possono separarci continenti, culture, strutture sociali o anche distanze storiche. Ma quando ci incontriamo, ci conosciamo in base allo stesso Signore, alla stessa fede, alla stessa speranza, allo stesso amore, che ci formano. Allora sperimentiamo che il fondamento delle nostre vite è lo stesso. Sperimentiamo che nel più profondo del nostro intimo siamo ancorati alla stessa identità, a partire dalla quale tutte le diversità esteriori, per quanto grandi possano anche essere, risultano secondarie. I credenti non sono mai totalmente estranei l'uno all'altro. Siamo in comunione a causa della nostra identità più profonda: Cristo in noi. Così la fede è una forza di pace e di riconciliazione nel mondo: è superata la lontananza, nel Signore siamo diventati vicini (cfr. Ef 2,13).

Questa intima natura del Battesimo come dono di una nuova identità viene rappresentata dalla Chiesa nel Sacramento mediante elementi sensibili. L'elemento fondamentale del Battesimo è l'acqua; accanto ad essa c'è in secondo luogo la luce che, nella Liturgia della Veglia Pasquale, emerge con grande efficacia. Gettiamo solo uno sguardo su questi due elementi. Nel capitolo conclusivo della Lettera agli Ebrei si trova un'affermazione su Cristo, nella quale l'acqua non compare direttamente, ma che, per il suo collegamento con l'Antico Testamento, lascia tuttavia trasparire il mistero dell'acqua e il suo significato simbolico. Là si legge: «Il Dio della pace ha fatto tornare dai morti il Pastore grande delle pecore in virtù del sangue di un'alleanza eterna» (cfr. 13,20). In questa frase echeggia una parola del Libro di Isaia, nella quale Mosè viene qualificato come il pastore che il Signore ha fatto uscire dall'acqua, dal mare (cfr. 63,11). Gesù appare come il nuovo Pastore, quello definitivo che porta a compimento ciò che Mosè aveva fatto: Egli ci conduce fuori dalle acque mortifere del mare, fuori dalle acque della morte. Possiamo in questo contesto ricordarci che Mosè dalla madre era stato messo in un cestello e deposto nel Nilo. Poi, per la provvidenza di Dio, era stato tirato fuori dall'acqua, portato dalla morte alla vita, e così – salvato egli stesso dalle acque della morte – poteva condurre gli altri facendoli passare attraverso il mare della morte. Gesù è per noi disceso nelle acque oscure della morte. Ma in virtù del suo sangue, ci dice la Lettera agli Ebrei, è stato fatto tornare dalla morte: il suo amore si è unito a quello del Padre e così dalla profondità della morte Egli ha potuto salire alla vita. Ora eleva noi dalla morte alla vita vera. Sì, è ciò che avviene nel Battesimo: Egli ci tira su verso di sé, ci attira dentro la vera vita. Ci conduce attraverso il mare spesso così oscuro della storia, nelle cui confusioni e pericoli non di rado siamo minacciati di sprofondare. Nel Battesimo ci prende come per mano, ci conduce sulla via che passa attraverso il Mar Rosso di questo tempo e ci introduce nella vita duratura, in quella vera e giusta. Teniamo stretta la sua mano! Qualunque cosa succeda o ci venga incontro, non abbandoniamo la sua mano! Camminiamo allora sulla via che conduce alla vita.

In secondo luogo c'è il simbolo della luce e del fuoco. Gregorio di Tours racconta di un'usanza che qua e là si è conservata a lungo, di prendere per la celebrazione della Veglia Pasquale il fuoco nuovo per mezzo di un cristallo direttamente dal sole: si riceveva, per così dire, luce e fuoco nuovamente dal cielo per accendere poi da essi tutte le luci e i fuochi dell'anno. È questo un simbolo di ciò che celebriamo nella Veglia Pasquale. Con la radicalità del suo amore, nel quale il cuore di Dio e il cuore dell'uomo si sono toccati, Gesù Cristo ha veramente preso la luce dal cielo e l'ha portata sulla terra – la luce della verità e il fuoco dell'amore che trasforma l'essere dell'uomo. Egli ha portato la luce, e ora sappiamo chi è Dio e come è Dio. Così sappiamo anche come stanno le cose riguardo all'uomo; che cosa siamo noi e per che scopo esistiamo. Venir battezzati significa che il fuoco di questa luce viene calato giù nel nostro intimo. Per questo, nella Chiesa antica il Battesimo veniva chiamato anche il Sacramento dell'illuminazione: la luce di Dio entra in noi; così diventiamo noi stessi figli della luce. Questa luce della verità che ci indica la via, non vogliamo lasciare che si spenga. Vogliamo proteggerla contro tutte le potenze che intendono estinguerla per rigettarci nel buio su Dio e su noi stessi. Il buio, di tanto in tanto, può sembrare comodo. Posso nascondermi e passare la mia vita dormendo. Noi però non siamo chiamati alle tenebre, ma alla luce. Nelle promesse battesimali accendiamo, per così dire, nuovamente anno dopo anno questa luce: sì, credo che il mondo e la mia vita non provengono dal caso, ma dalla Ragione eterna e dall'Amore eterno, sono creati dal Dio onnipotente. Sì, credo che in Gesù Cristo, nella sua incarnazione, nella sua croce e risurrezione si è manifestato il Volto di Dio; che in Lui Dio è presente in mezzo a noi, ci unisce e ci conduce verso la nostra meta, verso l'Amore eterno. Sì, credo che lo Spirito Santo ci dona la Parola di verità e illumina il nostro cuore; credo che nella comunione della Chiesa diventiamo tutti un solo Corpo col Signore e così andiamo incontro alla risurrezione e alla vita eterna. Il Signore ci ha donato la luce della verità. Questa luce è insieme anche fuoco, forza da parte di Dio, una forza che non distrugge, ma vuole trasformare i nostri cuori, affinché noi diventiamo veramente uomini di Dio e affinché la sua pace diventi operante in questo mondo.

Nella Chiesa antica c'era la consuetudine, che il Vescovo o il sacerdote dopo l'omelia esortasse i credenti esclamando: «*Conversi ad Dominum* – volgetevi ora verso il Signore». Ciò significava innanzitutto che essi si volgevano verso Est – nella direzione del sorgere del sole come segno del Cristo che torna, al quale andiamo incontro nella celebrazione dell'Eucaristia. Dove, per qualche ragione, ciò non era possibile, essi in ogni caso si volgevano verso l'immagine di Cristo nell'abside o verso la Croce, per orientarsi interiormente verso il Signore. Perché, in definitiva, si trattava di questo fatto interiore: della *conversio*, del volgersi della nostra anima verso Gesù Cristo e così verso il Dio vivente, verso la luce vera. Era collegata con ciò poi l'altra esclamazione che ancora oggi, prima del Canone, viene rivolta alla comunità credente: «*Sursum corda*» – in alto i cuori, fuori da tutti gli intrecci delle nostre preoccupazioni, dei nostri desideri, delle nostre angosce, della nostra distrazione – in alto i vostri cuori, il vostro intimo! In ambedue le esclamazioni veniamo in qualche modo esortati a un rinnovamento del nostro Battesimo: *Conversi ad Dominum* – sempre di nuovo dobbiamo distoglierci dalle direzioni sbagliate, nelle quali ci muoviamo così spesso con il nostro pensare e agire. Sempre di nuovo dobbiamo volgerci verso di Lui, che è la Via, la Verità e la Vita. Sempre di nuovo dobbiamo diventare dei «convertiti», rivolti con tutta la vita verso il Signore. E sempre di nuovo dobbiamo lasciare che il nostro cuore sia sottratto alla forza di gravità, che lo tira giù, e sollevarlo interiormente in alto: nella verità e l'amore. Ringraziamo il Signore, perché in virtù della forza della sua parola e dei santi Sacramenti Egli ci orienta nella direzione giusta e attrae verso l'alto il nostro cuore. E lo preghiamo così: Sì, Signore, fa' che diventiamo persone pasquali, uomini e donne della luce, ricolmi del fuoco del tuo amore.

Il pane della vita

Nella vigilia della sua Passione, durante la Cena pasquale, il Signore prese il pane nelle sue mani e, pronunziata la benedizione, lo spezzò e lo diede loro, dicendo:

«Prendete, questo è il mio corpo». Poi prese il calice e rese grazie, lo diede loro e ne bevvero tutti. E disse: «Questo è il mio sangue, il sangue dell'alleanza versato per molti» (Mc 14,22-24). Tutta la storia di Dio con gli uomini è riassunta in queste parole. Non è soltanto raccolto e interpretato il passato, ma anticipato anche il futuro – la venuta del Regno di Dio nel mondo. Ciò che Gesù dice, non sono semplicemente parole. Ciò che Egli dice, è avvenimento, l'avvenimento centrale della storia del mondo e della nostra vita personale.

Queste parole sono inesauribili. Vorrei meditare con voi soltanto un unico aspetto. Gesù, come segno della sua presenza, ha scelto pane e vino. Con ognuno dei due segni si dona interamente, non solo una parte di sé. Il Risorto non è diviso. Egli è una persona che, mediante i segni, si avvicina a noi e si unisce a noi. I segni però rappresentano, a modo loro, ciascuno un aspetto particolare del mistero di Lui e, con il loro tipico manifestarsi, vogliono parlare a noi, affinché noi impariamo a comprendere un po' di più del mistero di Gesù Cristo. Nell'adorazione noi guardiamo l'Ostia consacrata – il tipo più semplice di pane e di nutrimento, fatto soltanto di un po' di farina e acqua. Così esso appare come il cibo dei poveri, ai quali in primo luogo il Signore ha destinato la sua vicinanza. La preghiera con la quale la Chiesa durante la liturgia della Messa consegna questo pane al Signore, lo qualifica come frutto della terra e del lavoro dell'uomo. In esso è racchiusa la fatica umana, il lavoro quotidiano di chi coltiva la terra, semina e raccoglie e finalmente prepara il pane. Tuttavia il pane non è semplicemente e soltanto il prodotto nostro, una cosa fatta da noi; è frutto della terra e quindi anche dono. Perché il fatto che la terra porti frutto, non è un merito nostro; solo il Creatore poteva conferirle la fertilità. E ora possiamo anche allargare ancora un po' questa preghiera della Chiesa, dicendo: il pane è frutto della terra e insieme del cielo. Presuppone la sinergia delle forze della terra e dei doni dall'alto, cioè del sole e della pioggia. E anche l'acqua, di cui abbiamo bisogno per preparare il pane, non possiamo produrla da noi. In un periodo, in cui si parla della desertificazione e sentiamo sempre di nuovo denunciare il pericolo che uomini e bestie muoiano di sete in queste regioni senz'acqua – in un tale periodo ci rendiamo nuovamente conto della grandezza del dono anche dell'acqua e quanto siamo incapaci di procurarcelo da soli. Allora, guardando più da vicino, questo piccolo pezzo di Ostia bianca, questo pane dei poveri, ci appare come una sintesi della creazione. Cielo e terra come anche attività e spirito dell'uomo concorrono. La sinergia delle forze che rende possibile sul nostro povero pianeta il mistero della vita e l'esistenza dell'uomo, ci viene incontro in tutta la sua meravigliosa grandezza. Così cominciamo a capire perché il Signore sceglie questo pezzo di pane come suo segno. La creazione con tutti i suoi doni aspira al di là di se stessa a un qualcosa di ancora più grande. Al di là della sintesi delle proprie forze, al di là della sintesi anche di natura e di spirito che in qualche modo avvertiamo nel pezzo di pane, la creazione è protesa verso la divinizzazione, verso le sante nozze, verso l'unificazione con il Creatore stesso.

Ma ancora non abbiamo spiegato fino in fondo il messaggio di questo segno del pane. Il suo mistero più profondo, il Signore l'ha accennato nella Domenica delle Palme, quando gli fu presentata la richiesta di alcuni Greci di poterlo incontrare. Nella sua risposta a questa domanda si trova la frase: «In verità, in verità vi dico: se il chicco di grano caduto in terra non muore, rimane solo; se invece muore, produce molto frutto» (Gv 12,24). Nel pane fatto di chicchi macinati si cela il mistero della Passione. La farina, il grano macinato, presuppone il morire e risuscitare del chicco. Nell'essere macinato e cotto esso porta poi in sé ancora una volta lo stesso mistero della Passione. Solo attraverso il morire arriva il risorgere, arriva il frutto e la nuova vita. Le culture del Mediterraneo, nei secoli prima di Cristo, hanno intuito profondamente questo mistero. Sulla base dell'esperienza di questo morire e risorgere hanno concepito miti di divinità che, morendo e risuscitando, davano vita nuova. Il ciclo della natura sembrava loro come una promessa divina in mezzo alle tenebre della sofferenza e della morte imposte a noi. In questi miti l'anima degli uomini, in certo qual modo, si protendeva verso quel Dio che si è fatto uomo, si è umiliato fino alla morte in croce e ha aperto così per tutti noi la porta della vita. Nel pane e nel suo divenire, gli uomini hanno scoperto come una attesa della natura, come una promessa della natura che questo avrebbe dovuto esistere: il Dio che muore e in questo modo ci conduce alla vita. Ciò che nei miti era attesa e che nello stesso chicco di grano è nascosto come segno della speranza della creazione – questo è accaduto realmente in Cristo. Attraverso il suo soffrire e morire liberamente, Egli è diventato pane per tutti noi, e con ciò speranza viva e attendibile: Egli ci accompagna in tutte le nostre sofferenze fino alla morte. Le vie che Egli percorre con noi e attraverso le quali ci conduce alla vita sono cammini di speranza.

Quando noi adorando guardiamo l'Ostia consacrata, il segno della creazione ci parla. Allora incontriamo la grandezza del suo dono; ma incontriamo anche la Passione, la Croce di Gesù e la sua risurrezione. Mediante questo guardare in adorazione, Egli ci attira verso di sé, dentro il suo mistero, per mezzo del quale vuole trasformarci come ha trasformato l'Ostia.

La misericordia di Dio è più grande di ogni colpa

La Quaresima è un tempo quanto mai propizio per meditare sulla realtà del peccato alla luce dell'infinita misericordia di Dio, che il sacramento della Penitenza manifesta nella sua forma più alta. Colgo, pertanto, volentieri l'occasione per proporre alla vostra attenzione alcune riflessioni sull'amministrazione di questo Sacramento nella nostra epoca, che purtroppo va sempre più smarrendo il senso del peccato. Occorre oggi far sperimentare a chi si confessa quella tenerezza divina verso i peccatori pentiti che tanti episodi evangelici mostrano con accenti di intensa commozione. Prendiamo ad esempio la pagina famosa del Vangelo di Luca che presenta la peccatrice perdonata (cfr. Lc 7,36-50). Simone, fariseo e ricco «notabile» della città, tiene in casa sua un banchetto in onore di Gesù. Inaspettatamente dal fondo della sala entra un'ospite non invitata né prevista: una nota prostituta. Comprensibile il disagio dei presenti, di cui tuttavia la donna non pare preoccuparsi. Essa avanza e, in modo piuttosto furtivo, si ferma ai piedi di Gesù. Le sono giunte all'orecchio le sue parole di perdono e di speranza per tutti, anche per le prostitute; è commossa e se ne sta lì silenziosa. Bagna con le lacrime i piedi di Gesù, li asciuga con i capelli, li bacia e li unge di un soave profumo. Così facendo la peccatrice vuole esprimere l'affetto e la riconoscenza che nutre verso il Signore con gesti a lei familiari, anche se socialmente censurati.

Di fronte all'imbarazzo generale, è proprio Gesù ad affrontare la situazione: «Simone, ho una cosa da dirti». «Parla pure, Maestro», gli risponde il padrone di casa. Conosciamo tutti la risposta di Gesù con una parabola che potremmo riassumere nelle seguenti parole che il Signore sostanzialmente dice a Simone: «Vedi? Questa donna sa di essere peccatrice e, mossa dall'amore, chiede comprensione e perdono. Tu, invece, presumi di essere giusto e sei forse convinto di non aver nulla di grave da farti perdonare».

Eloquente il messaggio che traspare dal brano evangelico: a chi molto ama, Iddio tutto perdona. Chi confida in se stesso e nei propri meriti è come accecato dal suo io e il suo cuore si indurisce nel peccato. Chi invece si riconosce debole e peccatore si affida a Dio e da Lui ottiene grazia e perdono. È proprio questo il messaggio che occorre trasmettere: ciò che più conta è di far comprendere che nel sacramento della Riconciliazione, qualsiasi peccato si sia commesso, se lo si riconosce umilmente e ci si accosta fiduciosi al sacerdote confessore, si sperimenta sempre la gioia pacificatrice del perdono di Dio. In questa prospettiva, assume notevole importanza preparare confessori ben formati dal punto di vista dottrinale e capaci di far sperimentare ai penitenti l'amore misericordioso del Padre celeste. Non è forse vero che oggi si assiste ad una certa disaffezione nei confronti di questo Sacramento? Quando si insiste solo sull'accusa dei peccati, che pure deve esserci e occorre aiutare i fedeli a comprenderne l'importanza, si rischia di relegare in secondo piano ciò che in esso è centrale, e cioè l'incontro personale con Dio, Padre di bontà e di misericordia. Nel cuore della celebrazione sacramentale non sta il peccato, ma la misericordia di Dio, che è infinitamente più grande di ogni nostra colpa.

L'impegno dei Pastori, e specialmente dei confessori, deve essere anche quello di porre in evidenza il legame stretto che esiste tra il sacramento della Riconciliazione e un'esistenza orientata decisamente alla conversione. Occorre che tra la pratica del sacramento della Confessione e una vita tesa a seguire sinceramente il Cristo si instauri una sorta di «circolo virtuoso» inarrestabile, nel quale la grazia del Sacramento sostenga e alimenti l'impegno ad essere fedeli discepoli del Signore. Il tempo quaresimale ci ricorda che la nostra vita cristiana deve tendere sempre alla conversione e quando ci si accosta frequentemente al sacramento della Riconciliazione resta vivo nel credente l'anelito alla perfezione evangelica. Se viene meno quest'anelito incessante, la celebrazione del Sacramento rischia purtroppo di diventare qualche cosa di formale che non incide nel tessuto della vita quotidiana. D'altra parte, se, pur essendo animati dal desiderio di seguire Gesù, non ci si confessa regolarmente, si rischia poco a poco di rallentare il ritmo spirituale sino a indebolirlo sempre di più e forse anche spegnerlo.

Cari sacerdoti, non è difficile comprendere il valore che ha nella Chiesa il vostro ministero di dispensatori della misericordia divina per la salvezza delle anime. Seguite ed imitate l'esempio di tanti santi confessori, che, con il loro intuito spirituale, aiutavano i penitenti a rendersi conto che la celebrazione regolare del sacramento della Penitenza e la vita cristiana tesa alla santità sono componenti inscindibili d'uno stesso itinerario spirituale per ogni battezzato. E non dimenticate di essere voi stessi esempi di autentica vita cristiana. La Vergine Maria, Madre di misericordia e di speranza, aiuti tutti i confessori a svolgere con zelo e gioia questo grande servizio da cui dipende così intensamente la vita della Chiesa.

Il viatico degli infermi

Gesù non ha soltanto inviato i suoi discepoli a curare gli infermi (cfr. Mt 10,8; Lc 9,2; 10,9), ma ha anche istituito per loro uno specifico sacramento: l'Unzione degli infermi (cfr. CCC, 1499-1531). La Lettera di Giacomo ci attesta la presenza di questo gesto sacramentale già nella prima comunità cristiana (cfr. 5,14-16). Se l'Eucaristia mostra come le sofferenze e la morte di Cristo siano state trasformate in amore, l'Unzione degli infermi, da parte sua, associa il sofferente all'offerta che Cristo ha fatto di sé per la salvezza di tutti, così che anch'egli possa, nel mistero della comunione dei santi, partecipare alla redenzione del mondo. La relazione tra questi Sacramenti si manifesta, inoltre, di fronte all'aggravarsi della malattia: «A coloro che stanno per lasciare questa vita, la Chiesa offre, oltre all'Unzione degli infermi, l'Eucaristia come viatico» (CCC, 1524). Nel passaggio al Padre, la comunione al Corpo e al Sangue di Cristo si manifesta come seme di vita eterna e potenza di risurrezione: «Chi mangia la mia carne e beve il mio sangue ha la vita eterna e io lo risusciterò nell'ultimo giorno» (Gv 6,54). Poiché il Santo Viatico schiude all'infermo la pienezza del mistero pasquale, è necessario assicurarne la pratica. L'attenzione e la cura pastorale verso coloro che si trovano nella malattia ridonda sicuramente a vantaggio spirituale di tutta la comunità, sapendo che quanto avremo fatto al più piccolo lo avremo fatto a Gesù stesso (cfr. Mt 25,40).

VII

LA VITA ETERNA

La fede nella vita eterna

Dobbiamo adesso domandarci esplicitamente: la fede cristiana è anche per noi oggi una speranza che trasforma e sorregge la nostra vita? È essa per noi «performativa» – un messaggio che plasma in modo nuovo la vita stessa, o è ormai soltanto «informazione» che, nel frattempo, abbiamo accantonata e che ci sembra superata da informazioni più recenti? Nella ricerca di una risposta vorrei partire dalla forma classica del dialogo con cui il rito del Battesimo esprimeva l'accoglienza del neonato nella comunità dei credenti e la sua rinascita in Cristo. Il sacerdote chiedeva innanzitutto quale nome i genitori avevano scelto per il bambino, e continuava poi con la domanda: «Che cosa chiedi alla Chiesa?». Risposta: «La fede». «E che cosa ti dona la fede?» «La vita eterna».

Stando a questo dialogo, i genitori cercavano per il bambino l'accesso alla fede, la comunione con i credenti, perché vedevano nella fede la chiave per «la vita eterna». Di fatto, oggi come ieri, di questo si tratta nel Battesimo, quando si diventa cristiani: non soltanto di un atto di socializzazione entro la comunità, non semplicemente di accoglienza nella Chiesa. I genitori si aspettano di più per il battezzando: si aspettano che la fede, di cui è parte la corporeità della Chiesa e dei suoi sacramenti, gli doni la vita – la vita eterna. Fede è sostanza della speranza. Ma allora sorge la domanda: Vogliamo noi davvero questo – vivere eternamente? Forse oggi molte persone rifiutano la fede semplicemente perché la vita eterna non sembra loro una cosa desiderabile. Non vogliono affatto la vita eterna, ma quella presente, e la fede nella vita eterna sembra, per questo scopo, piuttosto un ostacolo. Continuare a vivere in eterno – senza fine – appare più una condanna che un dono. La morte, certamente, si vorrebbe rimandare il più possibile. Ma vivere sempre, senza un termine – questo, tutto sommato, può essere solo noioso e alla fine insopportabile. È precisamente questo che, per esempio, dice il Padre della Chiesa Ambrogio nel discorso funebre per il fratello defunto Satiro: «È vero che la morte non faceva parte della natura, ma fu resa realtà di natura; infatti Dio da principio non stabilì la morte, ma la diede quale rimedio. [...] A causa della trasgressione, la vita degli uomini cominciò ad essere miserevole nella fatica quotidiana e nel pianto insopportabile. Doveva essere posto un termine al male, affinché la morte restituisse ciò che la vita aveva perduto. L'immortalità è un peso piuttosto che un vantaggio, se non la illumina la grazia»[1]. Già prima Ambrogio aveva detto: «Non dev'essere pianta la morte, perché è causa di salvezza...»[2].

Qualunque cosa sant'Ambrogio intendesse dire precisamente con queste parole, è vero che l'eliminazione della morte o anche il suo rimando quasi illimitato metterebbe la terra e l'umanità in una condizione impossibile e non renderebbe neanche al singolo stesso un beneficio. Ovviamente c'è una contraddizione nel nostro atteggiamento, che rimanda ad una contraddittorietà interiore della nostra stessa esistenza. Da una parte, non vogliamo morire; soprattutto chi ci ama non vuole che moriamo. Dall'altra, tuttavia, non desideriamo neppure di continuare ad esistere illimitatamente e anche la terra non è stata creata con questa prospettiva. Allora, che cosa vogliamo veramente? Questo paradosso del nostro stesso

[1] *De excessu fratris sui Satyri*, II, 47: CSEL 73, 274.
[2] *Ibid.*, II, 46: CSEL 73, 273.

atteggiamento suscita una domanda più profonda: che cosa è, in realtà, la «vita»? E che cosa significa veramente «eternità»? Ci sono dei momenti in cui percepiamo all'improvviso: sì, sarebbe propriamente questo – la «vita» vera – così essa dovrebbe essere. A confronto, ciò che nella quotidianità chiamiamo «vita», in verità non lo è. Agostino, nella sua ampia lettera sulla preghiera indirizzata a Proba, una vedova romana benestante e madre di tre consoli, scrisse una volta: In fondo vogliamo una sola cosa – «la vita beata», la vita che è semplicemente vita, semplicemente «felicità». Non c'è, in fin dei conti, altro che chiediamo nella preghiera. Verso nient'altro ci siamo incamminati – di questo solo si tratta. Ma poi Agostino dice anche: guardando meglio, non sappiamo affatto che cosa in fondo desideriamo, che cosa vorremmo propriamente. Non conosciamo per nulla questa realtà; anche in quei momenti in cui pensiamo di toccarla non la raggiungiamo veramente. «Non sappiamo che cosa sia conveniente domandare», egli confessa con una parola di san Paolo (Rm 8,26). Ciò che sappiamo è solo che non è questo. Tuttavia, nel non sapere sappiamo che questa realtà deve esistere. «C'è dunque in noi una, per così dire, dotta ignoranza» (*docta ignorantia*), egli scrive. Non sappiamo che cosa vorremmo veramente; non conosciamo questa «vera vita»; e tuttavia sappiamo, che deve esistere un qualcosa che noi non conosciamo e verso il quale ci sentiamo spinti[3].

Penso che Agostino descriva lì in modo molto preciso e sempre valido la situazione essenziale dell'uomo, la situazione da cui provengono tutte le sue contraddizioni e le sue speranze. Desideriamo in qualche modo la vita stessa, quella vera, che non venga poi toccata neppure dalla morte; ma allo stesso tempo non conosciamo ciò verso cui ci sentiamo spinti. Non possiamo cessare di protenderci verso di esso e tuttavia sappiamo che tutto ciò che possiamo sperimentare o realizzare non è ciò che bramiamo. Questa «cosa» ignota è la vera «speranza» che ci spinge e il suo essere ignota è, al contempo, la causa di tutte le disperazioni come pure di tutti gli slanci positivi o distruttivi verso il mondo autentico e l'autentico uomo. La parola «vita eterna» cerca di dare un nome a questa sconosciuta realtà conosciuta. Necessariamente è una parola insufficiente che crea confusione. «Eterno», infatti, suscita in noi l'idea dell'interminabile, e questo ci fa paura; «vita» ci fa pensare alla vita da noi conosciuta, che amiamo e non vogliamo perdere e che, tuttavia, è spesso allo stesso tempo più fatica che appagamento, cosicché mentre per un verso la desideriamo, per l'altro

[3] Cfr. Ep. 130 *Ad Probam* 14, 25-15, 28: CSEL 44, 68-73.

non la vogliamo. Possiamo soltanto cercare di uscire col nostro pensiero dalla temporalità della quale siamo prigionieri e in qualche modo presagire che l'eternità non sia un continuo susseguirsi di giorni del calendario, ma qualcosa come il momento colmo di appagamento, in cui la totalità ci abbraccia e noi abbracciamo la totalità. Sarebbe il momento dell'immergersi nell'oceano dell'infinito amore, nel quale il tempo – il prima e il dopo – non esiste più. Possiamo soltanto cercare di pensare che questo momento è la vita in senso pieno, un sempre nuovo immergersi nella vastità dell'essere, mentre siamo semplicemente sopraffatti dalla gioia. Così lo esprime Gesù nel Vangelo di Giovanni: «Vi vedrò di nuovo e il vostro cuore si rallegrerà e nessuno vi potrà togliere la vostra gioia» (16,22). Dobbiamo pensare in questa direzione, se vogliamo capire a che cosa mira la speranza cristiana, che cosa aspettiamo dalla fede, dal nostro essere con Cristo.

Nell'attesa dell'incontro con Cristo

La festa di Tutti i Santi ci fa contemplare «la città del cielo, la Gerusalemme celeste che è nostra madre» (*Prefazio di Tutti i Santi*). Con l'animo rivolto a queste realtà ultime, commemoriamo tutti i fedeli defunti, che «ci hanno preceduto con il segno della fede e dormono il sonno della pace» (*Preghiera eucaristica I*). È molto importante che noi cristiani viviamo il rapporto con i defunti nella verità della fede, e guardiamo alla morte e all'aldilà nella luce della Rivelazione. Già l'apostolo Paolo, scrivendo alle prime comunità, esortava i fedeli a «non essere tristi come gli altri che non hanno speranza». «Se infatti – scriveva – crediamo che Gesù è morto e risorto, così anche Dio, per mezzo di Gesù, radunerà con lui coloro che sono morti» (1Ts 4,13-14). È necessario anche oggi evangelizzare la realtà della morte e della vita eterna, realtà particolarmente soggette a credenze superstiziose e a sincretismi, perché la verità cristiana non rischi di mischiarsi con mitologie di vario genere.

Nella mia Enciclica sulla speranza cristiana, mi sono interrogato sul mistero della vita eterna (cfr. *Spe salvi*, 10-12). Mi sono chiesto: la fede cristiana è anche per gli uomini di oggi una speranza che trasforma e sorregge la loro vita (cfr. *ibid.*, 10)? E più radicalmente: gli uomini e le donne di questa nostra epoca desiderano ancora la vita eterna? O forse l'esistenza terrena è diventata l'unico loro orizzonte? In realtà, come già osservava sant'Agostino, tutti vogliamo la «vita beata», la felicità. Non sappiamo bene che cosa sia e come sia, ma ci sentiamo attratti verso di essa. È questa una speranza universale, comune agli uomini di tutti i tempi e di tutti luoghi. L'espressione «vita eterna» vorrebbe dare un nome a questa attesa insopprimibile: non una successione senza fine, ma l'immergersi nell'oceano dell'infinito amore, nel quale il tempo, il prima e il dopo non esistono più. Una pienezza di vita e di gioia: è questo che speriamo e attendiamo dal nostro essere con Cristo (cfr. *ibid.*, 12).

Rinnoviamo quest'oggi la speranza della vita eterna fondata realmente nella morte e risurrezione di Cristo. «Sono risorto e ora sono sempre con te», ci dice il Signore, e la mia mano ti sorregge. Ovunque tu possa cadere, cadrai nelle mie mani e sarò presente persino alla porta della morte. Dove nessuno può più accompagnarti e dove tu non puoi portare niente, là io ti aspetto per trasformare per te le tenebre in luce. La speranza cristiana non è però mai soltanto individuale, è sempre anche speranza per gli altri. Le nostre esistenze sono profondamente legate le une alle altre e il bene e il male che ciascuno compie tocca sempre anche gli altri. Così la preghiera di un'anima pellegrina nel mondo può aiutare un'altra anima che si sta purificando dopo la morte. Ecco perché oggi la Chiesa ci invita a pregare per i nostri cari defunti e a sostare presso le loro tombe nei cimiteri. Maria, stella della speranza, renda più forte e autentica la nostra fede nella vita eterna e sostenga la nostra preghiera di suffragio per i fratelli defunti.

Chi crede in me vivrà

[...] Vorrei proporvi alcuni semplici pensieri sulla realtà della morte, che per noi cristiani è illuminata dalla risurrezione di Cristo, e per rinnovare la nostra fede nella vita eterna.

In questi giorni ci si reca al cimitero per pregare per le persone care che ci hanno lasciato, quasi un andare a visitarle per esprimere loro, ancora una volta, il nostro affetto, per sentirle ancora vicine, ricordando anche, in questo modo, un articolo del *Credo*: nella comunione dei santi c'è uno stretto legame tra noi che camminiamo ancora su questa terra e tanti fratelli e sorelle che hanno già raggiunto l'eternità.

Da sempre l'uomo si è preoccupato dei suoi morti e ha cercato di dare loro una sorta di seconda vita attraverso l'attenzione, la cura, l'affetto. In un certo modo si vuole conservare la loro esperienza di vita; e, paradossalmente, come essi hanno vissuto, che cosa hanno amato, che cosa hanno temuto, che cosa hanno sperato e che cosa hanno detestato, noi lo scopriamo proprio dalle tombe, davanti alle quali si affollano ricordi. Esse sono quasi uno specchio del loro mondo.

Perché è così? Perché, nonostante la morte sia spesso un tema quasi proibito nella nostra società, e vi sia il tentativo continuo di levare dalla nostra mente il solo pensiero della morte, essa riguarda ciascuno di noi, riguarda l'uomo di ogni tempo e di ogni spazio. E davanti a questo mistero tutti, anche inconsciamente, cerchiamo qualcosa che ci inviti a sperare, un segnale che ci dia consolazione, che si apra qualche orizzonte, che offra ancora un futuro. La strada della morte, in realtà, è una via della speranza e percorrere i nostri cimiteri, come pure leggere le scritte sulle tombe è compiere un cammino segnato dalla speranza di eternità.

Ma ci chiediamo: perché proviamo timore davanti alla morte? Perché l'umanità, in una sua larga parte, mai si è rassegnata a credere che al di là di essa non vi sia semplicemente il nulla? Direi che le risposte sono molteplici: abbiamo timore davanti alla morte perché abbiamo paura del nulla, di questo partire verso qualcosa che non conosciamo, che ci è ignoto. E allora c'è in noi un senso di rifiuto perché non possiamo accettare che tutto ciò che di bello e di grande è stato realizzato durante un'intera esistenza, venga improvvisamente cancellato, cada nell'abisso del nulla. Soprattutto noi sentiamo che l'amore richiama e chiede eternità e non è possibile accettare che esso venga distrutto dalla morte in un solo momento.

Ancora, abbiamo timore davanti alla morte perché, quando ci troviamo verso la fine dell'esistenza, c'è la percezione che vi sia un giudizio sulle nostre azioni, su come abbiamo condotto la nostra vita, soprattutto su quei punti d'ombra che, con abilità, sappiamo spesso rimuovere o tentiamo di rimuovere dalla nostra coscienza. Direi che proprio la questione del giudizio è spesso sottesa alla cura dell'uomo di tutti i tempi per i defunti, all'attenzione verso le persone che sono state significative per lui e che non gli sono più accanto nel cammino della vita terrena. In un certo senso i gesti di affetto, di amore che circondano il defunto, sono un modo per proteggerlo nella convinzione che essi non rimangano senza effetto sul giudizio. Questo lo possiamo cogliere nella maggior parte delle culture che caratterizzano la storia dell'uomo.

Oggi il mondo è diventato, almeno apparentemente, molto più razionale, o meglio, si è diffusa la tendenza a pensare che ogni realtà debba essere affrontata con i criteri della scienza sperimentale, e che anche alla grande questione della morte si debba rispondere non tanto con la fede, ma partendo da conoscenze sperimentabili, empiriche. Non ci si rende sufficientemente conto, però, che proprio in questo modo si è finiti per cadere in forme di spiritismo, nel tentativo di avere un qualche contatto con il mondo al di là della morte, quasi immaginando che vi sia una realtà che, alla fine, sarebbe una copia di quella presente.

La Solennità di tutti i Santi e la Commemorazione di tutti i fedeli defunti ci dicono che solamente chi può riconoscere una grande speranza nella morte, può anche vivere una vita a partire dalla speranza. Se noi riduciamo l'uomo esclusivamente alla sua dimensione orizzontale, a ciò che si può percepire empiricamente, la stessa vita perde il suo senso profondo. L'uomo ha bisogno di eternità e ogni altra speranza per lui è troppo breve, è troppo limitata. L'uomo è spiegabile solamente se c'è un Amore che superi ogni isolamento, anche quello della morte, in una totalità che trascenda anche lo spazio e il tempo. L'uomo è spiegabile, trova il suo senso più profondo, solamente se c'è Dio. E noi sappiamo che Dio è uscito dalla sua lontananza e si è fatto vicino, è entrato nella nostra vita e ci dice: «Io sono la risurrezione e la vita; chi crede in me anche se muore vivrà; chiunque vive e crede in me non morirà in eterno» (Gv 11,25-26).

Pensiamo un momento alla scena del Calvario e riascoltiamo le parole che Gesù, dall'alto della Croce, rivolge al malfattore crocifisso alla sua destra: «In verità io ti dico: oggi con me sarai nel paradiso» (Lc 23,43). Pensiamo ai due discepoli sulla strada di Emmaus, quando, dopo aver percorso un tratto di strada con Gesù Risorto, lo riconoscono e partono senza indugio verso Gerusalemme per annunciare la risurrezione del Signore (cfr. Lc 24,13-35). Alla mente ritornano con rinnovata chiarezza le parole del Maestro: «Non sia turbato il vostro cuore. Abbiate fede in Dio e abbiate fede anche in me. Nella casa del Padre mio vi sono molte dimore. Se no non vi avrei mai detto: "Vado a prepararvi un posto"?» (Gv 14,1-2). Dio si è veramente mostrato, è diventato accessibile, ha tanto amato il mondo «da dare il suo Figlio unigenito, perché chiunque crede in lui non vada perduto, ma abbia la vita eterna» (Gv 3,16), e nel supremo atto di amore della Croce, immergendosi nell'abisso della morte, l'ha vinta, è risorto e ha aperto anche a noi le porte dell'eternità. Cristo ci sostiene attraverso la notte della morte che Egli stesso ha attraversato; è il Buon Pastore, alla cui guida ci si può affidare senza alcuna paura, poiché Egli conosce bene la strada, anche attraverso l'oscurità.

Ogni domenica, recitando il *Credo*, noi riaffermiamo questa verità. E nel recarci ai cimiteri a pregare con affetto e con amore per i nostri defunti, siamo invitati, ancora una volta, a rinnovare con coraggio e con forza la nostra fede nella vita eterna, anzi a vivere con questa grande speranza e testimoniarla al mondo: dietro il presente non c'è il nulla. E proprio la fede nella vita eterna dà al cristiano il coraggio di amare ancora più intensamente questa nostra terra e di lavorare per costruirle un futuro, per darle una vera e sicura speranza.

Guardando fissi alla meta

San Pietro, negli Atti degli Apostoli, dice che Dio ha innalzato Cristo alla sua destra come capo e salvatore (cfr. At 5,31). Capo è traduzione del termine greco *archēgos*, che implica una visione molto più dinamica: *archēgos* è colui che mostra la strada, che precede, è un movimento, un movimento verso l'alto. Dio lo ha innalzato alla sua destra – quindi parlare di Cristo come *archēgos* vuol dire che Cristo cammina avanti a noi, ci precede, ci mostra la strada. Ed essere in comunione con Cristo è essere in un cammino, salire con Cristo, è sequela di Cristo, è questa salita in alto, è seguire l'*archēgos*, colui che è già passato, che ci precede e ci mostra la strada.

Qui, evidentemente, è importante che ci venga detto dove arriva Cristo e dove dobbiamo arrivare anche noi: *hypsōsen* – in alto – salire alla destra del Padre. Sequela di Cristo non è soltanto imitazione delle sue virtù, non è solo vivere in questo mondo, per quanto ci è possibile, simili a Cristo, secondo la sua parola, ma è un cammino che ha una meta. E la meta è la destra del Padre. C'è questo cammino di Gesù, questa sequela di Gesù che termina alla destra del Padre. All'orizzonte di tale sequela appartiene tutto il cammino di Gesù, anche l'arrivare alla destra del Padre.

In questo senso la meta di questo cammino è la vita eterna alla destra del Padre in comunione con Cristo. Noi oggi abbiamo spesso un po' paura di parlare della vita eterna. Parliamo delle cose che sono utili per il mondo, mostriamo che il Cristianesimo aiuta anche a migliorare il mondo, ma non osiamo dire che la sua meta è la vita eterna e che da tale meta vengono poi i criteri della vita. Dobbiamo capire di nuovo che il Cristianesimo rimane un «frammento» se non pensiamo a questa meta, che vogliamo seguire l'*archēgos* all'altezza di Dio, alla gloria del Figlio che ci fa figli nel Figlio e dobbiamo di nuovo riconoscere che solo nella grande prospettiva della vita eterna il Cristianesimo rivela tutto il senso. Dobbiamo avere il coraggio, la gioia, la grande speranza che la vita eterna c'è, è la vera vita e da questa vera vita viene la luce che illumina anche questo mondo.

Se si può dire che, anche prescindendo dalla vita eterna, dal Cielo promesso, è meglio vivere secondo i criteri cristiani, perché vivere secondo la verità e l'amore, anche se sotto tante persecuzioni, è in se stesso bene ed è meglio di tutto il resto, è proprio questa volontà di vivere secondo la verità e secondo l'amore che deve anche aprire a tutta la larghezza del progetto di Dio con noi, al coraggio di avere già la gioia nell'attesa della vita eterna, della salita seguendo il nostro *archēgos*. E *Sōtēr* è il Salvatore, che ci salva dall'ignoranza, cerca le cose ultime. Il Salvatore ci salva dalla solitudine, ci salva da un vuoto che rimane nella vita senza l'eternità, ci salva dandoci l'amore nella sua pienezza. Egli è la guida. Cristo, l'*archēgos*, ci salva dandoci la luce, dandoci la verità, dandoci l'amore di Dio.

Poi soffermiamoci ancora su un versetto: Cristo, il Salvatore, ha dato a Israele conversione e perdono dei peccati (cfr. At 5,31) – nel testo greco il termine è *metanoia* – ha dato penitenza e perdono dei peccati. Questa per me è un'osservazione molto importante: la penitenza è una grazia. C'è una tendenza in esegesi che dice: Gesù in Galilea avrebbe annunciato una grazia senza condizione, assolutamente incondizionata, quindi anche senza penitenza, grazia come tale, senza precondizioni umane. Ma questa è una falsa interpretazione della grazia. La penitenza è grazia; è una grazia che noi riconosciamo il nostro peccato, è una grazia che conosciamo di aver bisogno di rinnovamento, di cambiamento, di una trasformazione del nostro essere. Penitenza, poter fare penitenza, è il dono della grazia. E devo dire che noi cristiani, anche negli ultimi tempi, abbiamo spesso evitato la parola penitenza, ci appariva troppo dura. Adesso, sotto gli attacchi del mondo che ci parlano dei nostri peccati, vediamo che poter fare penitenza è grazia. E vediamo che è necessario far penitenza, cioè riconoscere quanto è sbagliato nella nostra vita, aprirsi al perdono, prepararsi al perdono, lasciarsi trasformare. Il dolore della penitenza, cioè della purificazione, della trasformazione, questo dolore è grazia, perché è rinnovamento, è opera della misericordia divina. E così queste due cose che dice san Pietro – penitenza e perdono – corrispondono all'inizio della predicazione di Gesù: *metanoeite*, cioè convertitevi (cfr. Mc 1,15). Quindi questo è il punto fondamentale: la *metanoia* non è una cosa privata, che parrebbe sostituita dalla grazia, ma la *metanoia* è l'arrivo della grazia che ci trasforma.

E infine una parola del Vangelo, dove ci viene detto che chi crede avrà la vita eterna (cfr. Gv 3,36). Nella fede, in questo «trasformarsi» che la penitenza dona, in questa conversione, in questa nuova strada del vivere, arriviamo alla vita, alla vera vita. E qui mi vengono in mente due altri testi. Nella «Preghiera sacerdotale» il Signore dice: questa è la vita, conoscere te e il tuo consacrato (cfr. Gv 17,3). Conoscere l'essenziale, conoscere la Persona decisiva, conoscere Dio e il suo Inviato è vita, vita e conoscenza, conoscenza di realtà che sono la vita. E l'altro testo è la risposta del Signore ai Sadducei circa la Risurrezione, dove, dai libri di Mosè, il Signore prova il fatto della risurrezione dicendo: Dio è il Dio di Abramo, di Isacco, di Giacobbe (cfr. Mt 22,31-32; Mc 12,26-27; Lc 20,37-38). Dio non è Dio dei morti. Se Dio è Dio di questi, sono vivi. Chi è scritto nel nome di Dio partecipa alla vita di Dio, vive. E così credere è essere iscritti nel nome di Dio. E così siamo vivi. Chi appartiene al nome di Dio non è un morto, appartiene al Dio vivente. In questo senso dovremmo capire il dinamismo della fede, che è un iscrivere il nostro nome nel nome di Dio e così un entrare nella vita.

Cronologia essenziale della vita

1927 16 aprile	Nasce a Marktl am Inn, diocesi di Passau (Germania), da Maria Paintner e Joseph Ratzinger.
1939	Entra nel seminario arcivescovile di Traunstein.
1945-1951	Studi di filosofia e teologia, con successiva tesi di laurea in teologia su sant'Agostino (1953) e tesi di abilitazione all'insegnamento accademico su san Bonaventura (1957).
1951 29 giugno	Viene ordinato sacerdote nel duomo di Frisinga, assieme al fratello Georg. L'8 luglio celebra la sua prima messa.
1952-1977	Svolge attività d'insegnamento a Frisinga (1952-1958), Bonn (1959-1963), Münster (1963-1966), Tubinga (1966-1969) e Ratisbona (1969-1977).
1962-1965	È chiamato come perito al Concilio Vaticano II.
1972	Fonda, assieme a Hans Urs von Balthasar, Henri de Lubac e altri teologi la rivista internazionale di teologia *Communio*.

1977 25 marzo — Viene nominato arcivescovo di Monaco e Frisinga e, due mesi dopo (28 maggio), riceve l'ordinazione episcopale. Sceglie come motto «Collaboratori della verità». Il 27 giugno viene creato cardinale da Paolo VI.

1981 25 novembre — Giovanni Paolo II lo nomina prefetto della Congregazione per la Dottrina della Fede, presidente della Pontificia commissione biblica e della Commissione teologica internazionale.

2002 30 novembre — Viene nominato decano del Collegio cardinalizio.

2005 19 aprile — Succede a Giovanni Paolo II, morto il 2 aprile, come Sommo Pontefice della Chiesa universale. A dicembre esce la sua prima Enciclica, *Deus caritas est*.

2007 — Viene pubblicato il primo volume di *Gesù di Nazaret* (Rizzoli) e la sua seconda Enciclica, *Spe salvi*.

2009 — Esce la sua terza Enciclica, *Caritas in veritate*.

2011 — Viene pubblicato il secondo volume di *Gesù di Nazaret* (Libreria Editrice Vaticana).

2012 — Con la Lettera apostolica in forma di Motu proprio *Porta fidei*, Benedetto XVI indice l'Anno della fede (2012-2013).

Elenco delle fonti

I. DIO PADRE

La fonte di tutte le verità sull'uomo: Omelia nella chiesa dell'Augustinuskloster di Erfurt, 23 settembre 2011.

Un solo Dio: Deus caritas est, n. 9 (*Insegnamenti di Benedetto XVI*, 2005, pp. 1097-1098).

Creatore del cielo e della terra: Omelia alla veglia pasquale, 23 aprile 2011.

La grammatica del creato: Caritas in veritate, n. 48 (*Insegnamenti...*, 2009/1, p. 1222).

La grande speranza: Spe salvi, n. 27 (*Insegnamenti...*, 2007/2, p. 727).

La duplice dimensione dell'amore: Deus caritas est, nn. 16-18 (*Insegnamenti...*, 2005, pp. 1102-1105).

II. GESÙ CRISTO

Il rivelatore del Padre: Messaggio per la Quaresima 2007, 21 novembre 2006 (*Insegnamenti...*, 2006/2, pp. 655-658).

Re dei poveri e della pace: Omelia in occasione della Domenica delle Palme, 9 aprile 2006 (*Insegnamenti...*, 2006/1, pp. 425-427).

Patì sotto Ponzio Pilato: Udienza generale, 8 aprile 2009 (*Insegnamenti...*, 2009/1, pp. 569-572).

Fu crocifisso, morì e fu sepolto: Udienza generale, 8 aprile 2009 (*Insegnamenti...*, 2009/1, pp. 572-573).

Il terzo giorno è risuscitato: Udienza generale, 5 novembre 2008 (*Insegnamenti...*, 2008/2, pp. 612-616).

È salito al cielo, siede alla destra del Padre: Omelia allo stadio Bentegodi di Verona, 19 ottobre 2006 (*Insegnamenti...*, 2006/2, pp. 479-481).

Il suo Regno non avrà fine: Omelia nella Basilica Vaticana, 21 novembre 2010 (*Insegnamenti...*, 2010/2, pp. 883-887).

III. LO SPIRITO SANTO

Lo Spirito di Dio: Omelia alla veglia di Pentecoste, 3 giugno 2006 (*Insegnamenti...*, 2006/1, pp. 758-760).

È Signore e dà la vita: Discorso alla Curia romana, 22 dicembre 2008 (*Insegnamenti*..., 2008/2, pp. 915-917).

Ha parlato per mezzo dei profeti: Discorso alla Curia romana, 22 dicembre 2008 (*Insegnamenti*..., 2008/2, pp. 917-918).

Vieni, Santo Spirito: Omelia nella solennità di Pentecoste, 23 maggio 2010 (*Insegnamenti*..., 2010/1, pp. 767-769).

Lo Spirito Santo nella vita della Chiesa: Udienza generale, 26 aprile 2006 (*Insegnamenti*..., 2006/1, pp. 498-501).

Il respiro della vita cristiana: Messaggio ai giovani del mondo, 20 luglio 2007 (*Insegnamenti*..., 2007/2, pp. 39-42).

IV. LA CHIESA

Costituita sul fondamento degli Apostoli: Udienza generale, 15 marzo 2006 (*Insegnamenti*..., 2006/1, pp. 313-316).

Una, santa, cattolica e apostolica: Omelia nella solennità degli apostoli Pietro e Paolo, 29 giugno 2005 (*Insegnamenti*..., 2005, pp. 291-296).

La comunità dell'Eucaristia: Sacramentum caritatis, nn. 14-15 (*Insegnamenti*..., 2007/1, pp. 386-387).

La missione della Chiesa: Verbum Domini, nn. 90-95 (*Insegnamenti*..., 2010/2, pp. 515-519).

V. LA VERGINE MARIA

Piena di grazia: Omelia nella solennità dell'Annunciazione del Signore, 25 marzo 2006 (*Insegnamenti...*, 2006/1, pp. 358-361).

Madre di Dio: Udienza generale, 2 gennaio 2008 (*Insegnamenti...*, 2008/1, pp. 11-14).

Madre della Chiesa: Omelia nella solennità dell'Immacolata Concezione, 8 dicembre 2005 (*Insegnamenti...*, 2005, pp. 942-947).

La stella della speranza: Spe salvi, nn. 49-50 (*Insegnamenti...*, 2007/2, pp. 744-746).

VI. I SACRAMENTI

Il simbolismo dei segni sacramentali: Omelia alla messa crismale, 1° aprile 2010 (*Insegnamenti...*, 2010/1, pp. 437-440).

L'inizio del cammino nella vita cristiana: Messaggio ai giovani del mondo, 20 luglio 2007 (*Insegnamenti...*, 2007/2, pp. 43-45).

Il dono di una nuova identità: Omelia alla veglia pasquale, 22 marzo 2008 (*Insegnamenti...*, 2008/1, pp. 456-461).

Il pane della vita: Omelia alla messa del "Corpus Domini", 15 giugno 2006 (*Insegnamenti...*, 2006/1, pp. 802-804).

La misericordia di Dio è più grande di ogni colpa: Discorso alla Penitenzieria apostolica, 7 marzo 2008 (*Insegnamenti...*, 2008/1, pp. 371-373).

Il viatico degli infermi: Sacramentum caritatis, n. 22 (*Insegnamenti...*, 2007/1, p. 393).

VII. LA VITA ETERNA

La fede nella vita eterna: Spe salvi, nn. 10-12 (*Insegnamenti...*, 2007/2, pp. 715-718).

Nell'attesa dell'incontro con Cristo: Angelus, 2 novembre 2008 (*Insegnamenti...*, 2008/2, pp. 604-605).

Chi crede in me vivrà: Udienza generale, 2 novembre 2011.

Guardando fissi alla meta: Omelia alla messa con i membri della Pontificia commissione biblica, 15 aprile 2010 (*Insegnamenti...*, 2010/1, pp. 504-506).

INDICE

Finito di stampare nel mese di marzo 2012
presso Grafica Veneta S.p.A. Trebaseleghe - Padova
Printed in Italy